答商

让你的回答更有价值

[美] 布莱恩·格利布科夫斯基 / 著
（Brian Glibkowski）

孙一文 / 译

ANSWER
INTELLIGENCE
Raise your AQ

中国原子能出版社　中国科学技术出版社

·北　京·

Answer Intelligence: Raise your AQ by Brian Glibkowski , ISBN: 978-1839828737

Copyright © This translation of Answer Intelligence by Brian Glibkowski is published under licence from Emerald Publishing Limited of Howard House, Wagon Lane, Bingley, West Yorkshire, BD16 1WA, United Kingdom

Simplified Chinese translation copyright © 2023 by China Science and Technology Press Co., Ltd. All rights reserved.

北京市版权局著作权合同登记 图字：01-2023-4398。

图书在版编目（CIP）数据

答商：让你的回答更有价值 /（美）布莱恩·格利布科夫斯基（Brian Glibkowski）著；孙一文译 . —北京：中国原子能出版社：中国科学技术出版社，2023.11

书名原文：Answer Intelligence: Raise your AQ

ISBN 978-7-5221-3016-3

Ⅰ . ①答… Ⅱ . ①布… ②孙… Ⅲ . ①语言艺术—通俗读物 Ⅳ . ① H019-49

中国国家版本馆 CIP 数据核字（2023）第 208603 号

策划编辑	杜凡如　任长玉	特约编辑	任长玉
责任编辑	付　凯	文字编辑	任长玉
封面设计	北京潜龙	版式设计	蚂蚁设计
责任校对	冯莲凤　焦　宁	责任印制	赵　明　李晓霖

出　　版	中国原子能出版社　中国科学技术出版社
发　　行	中国原子能出版社　中国科学技术出版社有限公司发行部
地　　址	北京市海淀区中关村南大街 16 号
邮　　编	100081
发行电话	010-62173865
传　　真	010-62173081
网　　址	http://www.cspbooks.com.cn

开　　本	710mm×1000mm　1/16
字　　数	218 千字
印　　张	16.5
版　　次	2023 年 11 月第 1 版
印　　次	2023 年 11 月第 1 次印刷
印　　刷	北京盛通印刷股份有限公司
书　　号	ISBN 978-7-5221-3016-3
定　　价	79.00 元

（凡购买本社图书，如有缺页、倒页、脱页者，本社发行部负责调换）

专家推荐

我们都知道，饱含影响力的沟通对于个人和组织的成功至关重要，但在如何最有效地通过回答问题来联系和影响他人上，相关资料却几近于无。如果能具备答商，我想我会成为一名更出色的管理者。

——麦当劳前资深副总裁兼美国地区首席财务官
迈克·索恩克（Mike Soenke）

销售能力不仅对销售人员来说是一项关键技能，对任何希望通过沟通来推行理念的人而言也是如此。本书提出了数据驱动的方法和能够成功驾驭各阶段的销售对话技巧，并为读者提供了宝贵的见解，本书有助于读者应对销售对话中的任何一方，以便获得圆满的结果。我会把这本书放到书架上，供下次策划大型促销活动时参考。

——思科系统全球安全销售部门副总裁辛迪－古德温·萨克（Cindy Goodwin-Sak）

品牌真实性及与利益相关者的关系从未像现在这般如此重要。本书行之有效的关键，在于对品牌做出了全方位、多角度的解读。

——波士顿共同人寿保险公司董事长、首席执行官兼总裁小保罗·夸兰托（Paul Quaranto, Jr.）

大多数专业销售人员都知道如何通过提问来增加销量，但他们却忽略了高效销售对话的一个重要方面，那就是如何巧妙地回答问题。本书揭示了问题和答案背后隐藏的含义，这样销售员就能更好地了解买方，并进行更有意义的沟通。

——独角兽企业 Gong 内容策略主管德文·里德（Devin Reed）

本书内容新颖，重在实用，并且以细致入微、引人入胜的方式让我们明白了不仅要关注说的内容，也要注意说的方式。

——德保罗大学管理学副教授格蕾丝·莱蒙博士（Grace Lemmon, PhD）

真知灼见，一气呵成，本书犹如一门大师级课程，带我们领略了回答问题的艺术。布莱恩·格利布科夫斯基以清晰而发人深省的方式，简洁明了地阐释了如何精心组织答案，以便达到立竿见影的实际效果。作者为读者提供了答商在各种情境下的运用，这是走向成功的关键所在。这本书对任何渴望展现高超谈话水平的人来说都是必不可少的。与答案有关的上乘之作是哪本书？通过运用故事、隐喻和严谨的学术方法，本书对此做出了巧妙的回答。

——"即兴商业"咨询公司创始人兼首席执行官、《临场发挥的艺术》（*Getting to Yes And*）作者鲍勃·库尔汗（Bob Kulhan）

该书是商界人士的必读书籍。布莱恩·格利科夫斯基与其章节合著者对企业领导者们一直在争论的许多问题做出了真正的解答。

——人力资源公司 LaSalle Network 总裁兼首席执行官汤姆·金贝尔（Tom Gimbel）

答商是学生进入就业市场要做好的重要准备。

——伊利诺伊大学芝加哥分校管理学教授桑迪·韦恩博士（Sandy Wayne, PhD）

本书是一本关于如何让问答交流中的沟通更加顺畅的指南，内容精辟，颇具实用性。

——医疗保健创新中心首席执行官兼联合创始人约瑟
夫·加斯佩罗（Joseph Gaspero）

本书对专业销售人员而言十分宝贵，可谓"关于销售对话的智慧"。布莱恩·格利布科夫斯基博士及其合著者就如何在销售的各个阶段提升每一次销售对话的质量提供了结构化指导。从发现目标客户阶段开始，提问的质量就决定了我们所获得答案的质量。而接近完成阶段时，是否具备高效应答困难问题的能力则决定了输赢。简而言之，答商将长久提升你的销售业绩。

——《高效销售工程师的六个习惯》（The Six Habits
of Highly Effective Sales Engineers）作者克
里斯·怀特（Chris White）

本书极有说服力，因为其研究成果有翔实的数据支撑。提升答商使我们的销售团队能够进行更有针对性的对话，从而带来更好的客户体验。

——专业售前人士社区 PreSales Collective 联合创始人
詹姆斯·凯基斯（James Kaikis）

答商解决了客户关系中许多长期存在的固有问题。财富管理行业的每个人都要学会运用相应工具来妥善、高效、富有同理心地回答客户的问题。这本书为行业所需，并且应该添加到每一位新手和经验丰富的专业人士的阅读清单上。

——美国中北大学经济学与金融学助理教授、金融素养
中心主任瑞安·德克博士（Ryan Decker, PhD）

序言
书架上的活页夹

从伊利诺伊州芝加哥到得克萨斯州奥斯汀，作为管理学专业二年级博士生，为了向研究对象（一家成长中的软件公司）提交反馈报告，我曾走遍了全美国。在博士研讨课上，我一直在研究领导力、激励、文化、团队合作、谈判以及组织行为学的所有重要课题。如今，我终于进入了实战领域。烹饪专业的学生想成为五星级餐厅的大厨；医学专业的学生想做外科手术，拯救生命；管理学专业的博士生则希望收集调查数据，并将其发表在由顶级同行评审的学术期刊上。这很令人兴奋。我有机会提出研究问题，并最终成为为管理学知识体系添砖加瓦的团队一员，这些知识影响着世界各地的管理者们。

在收集数据之前，我要先进行调查设计这项烦琐的学术工作——在资深教授的指导下，我确定了检验假设的调查方法，并针对客户的兴趣提出了额外的调查项目。在理想情况下，研究团队和客户有着共同的兴趣。通常来说，这种兴趣上的重叠充其量只是部分重叠。一个研究项目更像是将两项独立的调查合并成一个。学术研究项目不同于咨询项目。在咨询项目中，客户付费咨询，调查工作完全以客户的需求为主。学术研究不会向客户收取费用，但研究团队可以从客户处收集自己感兴趣的研究主题的数据，作为交换，客户可以选择一个调查研究的主题。这家位于奥斯汀的软件公司对提升组织的领导力很感兴趣。

身为研究助理，我的职责是确定与客户有关的最重要的领导力变量以及相关调查项目。根据以往经验，包含所有提问在内，一项调查只能持续 10 分钟，之后调查对象便会产生疲劳感并失去兴趣。这意味着有效的调查时间大约为 5 分钟。假设回答一个问题需要 3 秒，那就相当于能进行 100 次提问（60 秒 ×5=300 秒；300 秒 ÷ 每个问题 3 秒 =100 个问题），这些问题既可以从现有资料中提取、改编，也可以专门为这项调查编写。我的工作就是充分利用好这 100 个宝贵的问题。

我履行了职责，查阅了领导力文献综述，这相当于在知名教授的带领下畅游了领导力领域。文献综述运用专业的观点指明了至关重要的领导力理论。情境领导、领导－成员交换、路径－目标理论、仆人式领导以及所有重要的领导力理论都一一呈现，就像我们在游园旅行过程中看到的动物一样。接着，我对领导力进行了元分析，每项分析都代表着单个研究的统计组合，目的是增加样本总量，关键是要增强结果的说服力（准确检测相关性的能力）。元分析类似于运用全球定位系统寻找游园之旅中被标记的动物。最后，我独自进入"灌木丛"中，检验各项研究。探索结束后，我编制了一份关键变量和相关调查项目清单。

调研结束，我们对收集到的数据进行了分析，结果即将呈现。我被委以重任，负责向高管们作反馈报告。这是我引领众人畅游领导力领域的机会。这次演讲本该富有感染力、扣人心弦且内容翔实，我却失败了。高管们觉得索然无味，演讲有点儿虎头蛇尾。我十分沮丧。可想而知，演讲结束后，我们为每位高管准备的厚厚的活页文件夹，注定要成为他们书架上的装饰品了，我把活页夹往那儿一搁，它们便只能听天由命，积满灰尘，再无人理会。我们掌握所有最好的领导力理论，调研结果给出的解决方案也清晰明了。到底是哪里出了问题呢？

书架上的活页夹一事就是本书的起源。从坐上返程飞机开始，一直到完成博士学习并毕业，再到后来成为两所大学的教授，以及为客户提供咨询服务，在奥斯汀的那次报告始终萦绕在我心头。我绞尽脑汁想要找出问题所在。

　　在遭遇重创后，我进行了自我反思，并检验了自己的假设。从学术研究的潮流来看，没有什么比"研究提问"更重要了。让人意外的是，博士课程并未真正教授过研究提问，大多数情况下，胸怀志向的研究人员学习提问的经历类似工艺学徒，包括跟在资深导师身边细心观察，耳濡目染，并不断试错。很快我就发现，问题的假设以及答案的延伸，都缺乏坚实的基础。我开始沉迷于研究提问和回答，并坚信我在奥斯汀的问题与提问和回答有关。

　　我意识到，学者和实践者提出的问题并不相同。在奥斯汀，我们把两项独立的调查合并成了一个。从根本上看，学术问题与实践问题是不同的。我们在中学时就学习过六类特殊疑问句式（是什么、为什么、何时、何地、何人、怎么样）。学者主要关注"为什么"的问题，即可以检验假设的问题。相比之下，实践者主要关注"怎么样"的问题及相关实用建议。根据自己的研究，我写了一篇关于提问的学术论文，该论文被美国人力资源开发学会评为塑造 21 世纪的十大论文之一。

　　这篇论文发表后，我的关注重点就从问题转向了答案。我逐渐意识到，我们对答案的理解差距确实很大，比我们对问题的理解差距要大得多。为了证实这个差距的大小，我开始专注于一个简单的观察。我们对问题有过分类，即六种特殊疑问，但我们没有对答案进行过分类。回想中学时，我曾学习过六类特殊疑问句式，但却没有上过类似答案分类这样的课程。我开始从答案的角度领会了书架上的活页夹这个故事的寓意。我们不仅提出的问题不同，也没有为高管们最感兴趣的问题提供答案。在这种自我反思的推动下，我和我的同事们对《高尔夫文摘》（*Golf Digest*）和《高尔夫杂志》（*Golf Magazine*）评选出的世界顶级高尔夫教练的回答进行了研究（你肯定要问了："为什么是高尔夫？"我将在第二章回答这个问题）。基于这项研究，我们发表了一篇学术论文，确定了六种答案分类（故事、隐喻、理论、概念、过程、行动）。在我后续的研究、咨询和 TEDx 演讲中，最初的这项研究已经扩展为一种沟通模式，我称为答商。本书以答商为中心，对这种新沟通模式进行了介绍，并重点讲述了人们对答商的需要、答商的构成以及应用。

本书的编排

这是一本关于答案的书。我们都知道答案很重要，但迄今为止还没有人对答案进行过仔细的研究。答商即提供高质量答案的能力，就是这项仔细研究所带来的成果。

本书分为四部分。第一部分是对问题和答案、我发表的相关学术研究、作为答商核心的六种答案类型（故事、概念、隐喻、理论、过程、行动）的概述，以及对能够带来高质量答案的五种高答商实践的介绍。第二部分详细讲解了五种高答商实践，为您提供了提升答商的方法。第三部分是答商对话，即将答商应用于不同的答商主题，包括面试答商、销售答商、辅导答商、品牌答商、财富管理答商和医疗答商。为了提高实用性和深度，这些章节都由企业高管、相关主题专家和学者共同撰写。此时读者对答商的求知欲应该已经达到顶峰，本书第三部分也将迎来高潮，我们将讨论如何学习答商，并最终将答商运用到重要对话中。

第四部分探讨了一个隐含的问题，一个之前没有完全解决的问题——我们需要答商吗？为了回答这个问题，我们对现有的沟通和信息模型进行了研究。我们认为，答商独一无二且能增添价值，是对沟通和智力领域的必要补充。

一些读者也许喜欢按照第一部分、第四部分、第二部分、第三部分这个顺序阅读。不过我想大多数人还是会倾向于我对本书的排序。这种排序重在使读者快速上手，并随着章节的推进逐步展开和深化相关的内容。

目 录

第三部分

答商对话

029

第四部分

我们需要答商吗？需要

233

第一部分

概述

第一章

值得关注的答案

评价一个人，要看他提出的问题，而非他的答案。

——伏尔泰

> 伏尔泰传递的信息是：提问反映我们的性格。

我们以为自己找到了答案，其实是我们问错了问题。

——波诺（U2 乐队主唱）

> 波诺传递的信息是：提问很难。

如果我有 1 小时来解决问题……我会花前 55 分钟来决定该问什么问题。

——爱因斯坦

> 爱因斯坦传递的信息是：我们应该把时间花在提问上。

如上述引文所示，社会上的杰出人物关注的都是提问，而非回答。在学校里，任何一个孩子都能识别出六类特殊疑问句式（即分别针对事物、原因、时间、地点、人物、方式的提问）。然而，如果追问下去，那么孩子其实并不了解答案的分类。大学教授强调"研究问题"，却从未提及类似"研究答案"这样的短语。从中学到高等教育和社会教育，人们都以问题为重点。课堂之外强调的也是问题。销售方法重在提问，而非回答。书名中含有或隐含"问题"二字的商业书籍是书名包含"答案"的图书的 3 倍多。❶ 这种不平衡是真实存在的。社会关注的是问题,而不是答案。

关于答案有一个基本的谬论,即有问题自会有答案,就像在烧杯中混合化学物质后会发生化学反应一样。化学反应在平日里司空见惯,其因果互动理所当然。想象一下,你在后院的露台上,看看周围的植物,光合作用令二氧化碳与水结合释放氧气。每当你划上一根火柴为炭烤架生火时,就会发生燃烧反应。你所坐的金属椅子有生锈的迹象,这是铁和氧气发生反应造成的。将正确的化学物质结合在一起,必然会产生化学反应。这是一个因果模型。

因果模型和过程模型经常被混为一谈。你问对了问题,答案却不一定随之出现。提问和回答是一个过程模型。自古以来,人类就在不断地提问。宇宙中只有我们吗?这个问题至今没有答案。长大后我想做什么?许多孩子在努力寻找答案(成年人也一样)。我该雇用谁?不少企业在这个问题上出现失误,导致员工流动率居高不下。在因果模型中(例如化学反应),对投入的关注是有意义的。投入适当的化学物质,化学反应一定会发生。但提出恰当的问题,却不一定会出现正确答案。

正确的答案不一定来自正确的问题。举一个例子,我曾经参与一家企业的咨询项目,这家企业存在人员流失问题。问题很明确:"为什么公司会出现人员流失?"客户完全没有头绪。我的专长是开发和测试理论。在该案例中,人员流动理论可以用于回答他们的问题。我可以研究关于员工流动的学术文献,确定一个理论模型(暂定答案),然后收集数据并确认答案。我之所以被聘用,是因为我擅长回答问题,而非提问。

这是不合理的。伏尔泰、波诺和爱因斯坦都对提问给予了高度评价。

---

❶ 请在亚马逊网站中的"商业与理财"分类下进行关键字检索。

但答案不像连锁反应，它并不一定来自问题。事实上，我的客户通常能够提出正确的问题，但却缺乏发现答案的能力。与社会言论相反，当涉及付费咨询的问题时，我被聘为顾问往往是出于我提供答案的能力，而非我提出问题的能力。

正是在这个时候，当我对答案的兴趣达到高潮时，我与世界顶级高尔夫教练一起对答案的本质进行了学术研究（见第二章），加深了我对答案的理解。我和同事们确定了六种回答类型的分类（理论、概念、故事、隐喻、过程、行动）。这项研究还确定了这些答案如何映射到对话中关注的主要问题（为什么、是什么、怎么做）。"为什么"的问题由理论和故事来回答。"是什么"的问题是由概念和隐喻回答的。"怎么做"的问题由过程和行动来回答。

最后，我将这个框架称为答商，它代表了一种任何沟通者都可以改进的以答案为中心的沟通能力。即使在研究的早期，答商框架也帮助我改善了与他人的对话。因此，"为什么公司会发生人员流失"可以用一个理论和故事来回答。通过使用答商，我能够在理论的基础上，通过使用故事来扩展并极大地改善我的对话。

在与顶级高尔夫教练进行研究之前，我经常使用理论（一种答案）。我的咨询工作一直基于我为客户识别和测试理论模型的能力。在与许多客户的交谈过程中，我也熟悉理论的不足。例如，当我开发理论模型来解释和测试变革时，如果客户能提供我模型中缺失的信息，这将是很有帮助的，这样我们就可以对模型进行改进。毕竟，客户离问题最近，所以他们的见解至关重要。为了从客户那里获得这些信息，我会向他们展示我的理论模型的图形和表格，并请他们确定缺少了什么。这在某种程度上是有帮助的，但这常常导致令人沮丧的对话，客户可能会说："我想不出有什么可补充的。""这看起来很抽象。""什么是主持人？"简而言之，他们常常不以冷静客观的理论视角来思考他们的问题，他们常常不理解其中的微妙之处。这并不奇怪。同样，这也正是我被雇用的原因——发展和测试一个他们自我认知的盲区中的理论。

尽管如此，我仍然需要让客户参与到对话中，以便获得有价值的信息，从而为理论模型提供信息。出于挫折感以及我对答商的新认识，我开始尝试用故事来回答"为什么"这个问题。叙事学学者认为，除了语言本身以外，使我们成为人类的决定性属性是我们讲述世界的能力。我开始要求大家讲故事。例如，我可以问他们一个关于人员流失的故事："你能告诉我一个关于为什么会发生员工流失的故事吗？"或者，我可以问他们一个关于离职影响的具体故事："你能给我讲一个关于主管对员工离职的重要性的故事吗？"我发现高管们可以给我讲许多有意义的故事。这些故事充满了关于人员流动的细节，我了解到人员流动对企业的影响、对员工的情感影响以及对人员流动发生的原因的看法。如果我仔细聆听他们的故事，那么我可以找到无穷无尽的相关细节。这与我经常和客户就理论进行的简短而失败的对话形成了鲜明的对比。

我开始意识到故事是有主题的（例如，"糟糕的主管引发人员流动"），这些主题可以转化为理论答案。理论是变量之间的因果关系（例如：糟糕的主管→离职）。正是通过这个转换过程，我才能够将故事的各个方面转变成我可以添加到任何理论模型中的个体变量。与客户使用故事的积极的经验使我专注于与其他客户的故事。最后，我会在每个咨询项目开始时，先找出公司里的故事。然后，这些故事将被转换成一个理论模型，我将为我的客户进行测试。令我惊喜的是，当我把客户的故事转换成理论时，我发现高管们完全投入了。被他们的故事浸透的理论变得更有意义。我可以展示因果理论图，执行官们也参与进来，询问关于模型的问题，并积极地对理论本身提出建议。我完全被迷住了。

答商很重要，它正在改变我的对话，我开始相信它有潜力为其他人做同样的事情。甚至在早期的答商实验中，我们也开发出了关于答案的重要课程。

- **有六种答案**。在我自己的谈话中，我证实了从顶级高尔夫教练那里发现的六种答案类型的价值。我开始尝试理论和故事，并很快开始使用其他四种答案（故事、隐喻、过程、行动）来引导与客户的重要对话，无论是在教室里还是在家里。

- **问题如何映射到答案**。考虑到我对理论的兴趣，理论和故事回答的"为什么"的问题的重要性首先得到了证实。不久之后，我确认了"是什么"的问题是由概念和隐喻回答的；如何回答的问题是通过程序和行动来回答的。理解从问题到答案的映射提供了对答案、问题的洞察，并促进了对有效对话的新理解（强调问题和答案之间的关系）。

- **早些时候，我意识到人们对答案的偏好存在个体差异**。我的客户通常更喜欢用故事来交流，而不是理论。故事创造了一种理论所没有的情感共鸣。然而，我在学术界的同事和一些公司内的同事更喜欢理论，因为它的客观性、规范性和可测试性。

- **答案指出了可以提高的技能**。理论的核心是因果关系；一个简单的结构理论由两个相关的因果变量（$X \rightarrow Y$）组成。任何人都可以在这方面接受训练。此外，这种培训可以扩展到更深处。这项技能还可以进一步发展。毕竟，我被客户雇用是因为我有能力提供我在正式的博士培训中提出的理论答案。我接受过理论发展方面的训练。我知道调解员和仲裁员的区别。与一般主管人员对员工离职的分析相比，我了解如何在多个层次之间进行差异性划分，以使评估文化在离职的单独统计中起到作用。

让你的回答更有价值

　　同样，我们讲故事的能力也可以提高。它的核心很简单——包括人物和发生在场景中的主题。当我们在电影里看到角色时，我们都知道他们的故事。就像理论一样，一个人也可以通过故事来训练，提高他们提供故事答案的能力。例如，在学习故事的过程中，我接触到了不同的叙事结构，比如三幕剧。为了达到戏剧效果，我开始用三幕结构来展开我的演讲。例如，在教室里，我会绕着讲台（教室前面）移动到三个不同的点，每个动作都对应着从开始、中间到结束的演讲重点的变化。

　　除了理论和概念以外，我发现其他四种答案类型（故事、隐喻、过程、行动）都属于可以提升的技能。

第二章

答商源自高尔夫球场

为了理解答商，我和我的同事们对世界顶级高尔夫教练进行了研究，并发表了一篇关于答商的论文。为什么是高尔夫呢？首先，我们能够对25位世界顶级高尔夫教练进行访谈，他们都是由《高尔夫文摘》（评选50名）和《高尔夫杂志》（评选100名）评选出来的。仅在美国就有超过25000名高尔夫教练，其中有150位是公认的顶级高尔夫球手，而我们访谈了其中25位。因此，我们研究的是在该行业位居前列之人。对专业人士进行研究有诸多好处，因为他们具备卓越的态度、行为和技能。研究专业人士更有可能帮助我们深入了解什么样的答案是有价值的、答案的关键属性、最有效的答案组合以及其他见解。

其次，顶级高尔夫教练也是一个富有吸引力的研究样本，因为他们要与各种各样的客户打交道。例如我们研究的高尔夫教练，其客户包括预备役军人、人们在电视上看到的巡回赛职业选手，还有第一次拿起高尔夫球杆的小姑娘。总之，他们所教的学员在多方面都存在很大差异（比如说，既有行家也有新手，既有狂热派也有业余休闲派，既有受过教育的也有愚昧无知的）。从学术角度来讲，就是没有范围限制，这一点很重要，因为研究结果也许会广泛应用于多种情境。事实上，在本书后续章节中，这项关于高尔夫教练的研究结果被推广到了董事会会议、课堂、餐桌或任何需要高水平答案的地方。

知识传递

该研究从提问入手。具体而言，我们仔细研究了六类特殊疑问句式，即针对事物、原因、时间、地点、人物、方式的提问。在递推过程中，我们进行了访谈，以便了解每位高尔夫教练对这些问题的回答，接着再寻找一种能够将这些问题和答案联系起来的通用方法。这个过程得出的结果表明，知识十分重要。确切地说，我们推测，问题的提出源于知识空缺，而答案则代表了填补这些知识空缺的知识类型。初步研究结果围绕三种知识类型建立，即陈述性知识、结构性知识和程序性知识（表2.1）。

表2.1　与问题和答案相关的知识类型

知识类型	问题类型	答案类型
陈述性知识	是什么	概念、隐喻
结构性知识	为什么	理论、故事
程序性知识	怎么做	过程、行动

陈述性知识

陈述性知识与概念理解有关。例如，我们提出了一个假设性问题："如果一个学员问什么是动态平衡，作为教练，你会给出什么样的答案？"首先，高尔夫教练可以对概念进行解释或描述，指出动态平衡即身体的平衡点，以及这个平衡点在学员挥杆转动身体时是如何变化的。一位专门教授赛扬奖❶获奖投手打高尔夫球的教练则做出了一个对比型回答："高尔夫

---

❶ 赛扬奖：美国职业棒球大联盟每年颁给投手的一项荣耀，用来纪念1955年过世的棒球名人堂投手赛·扬。——译者注

球中的挥杆就像棒球中的_____。"他让我填空。我不打高尔夫球，但我很乐意回答："高尔夫球中的挥杆就像棒球中的挥棒。"回答错误。高尔夫教练接着纠正道："高尔夫球中的挥杆就像棒球中的投球，动态平衡是一样的。"如果你是赛扬奖获奖投手，你就知道什么是投球。若把高尔夫挥杆比作棒球投球，动态平衡的概念就浅显易懂了。这样的回答就是隐喻。总之，针对"是什么"的提问往往与陈述性知识的空缺有关，而陈述性知识的答案中则充满了概念和隐喻。

结构性知识

我采访了高尔夫行业以外的人，以便检验最初发现的普遍性。我采访了一位杰出的海豹突击队员。我问他，"为什么海豹突击队会成功？"他接着给我讲了一个故事。他的任务是抓获或杀死当地的叛乱分子。他开着他那辆全副武装的悍马，向村主任的小屋走去。他到达小屋，下车，脱下防弹衣。然后他走进小屋，坐在地板上，紧挨着村主任。会议进行得很顺利，几周后，村主任说出了叛乱分子的名字。

理论是故事的逻辑对应物。海豹突击队员用理论术语解释了他的故事。根据资源理论（图2.1），这名海豹突击队员可以向村主任提供六种类型的资源以便获得影响力。在一种极端情况下，他可以为村里的长者提供金钱（一种经济资源）。在另一种极端情况下，他可以让村里的老人参与进来（一种社会资源）。这位海豹突击队员认为，在他多年的服役生涯中，地位是他为他人提供的最重要的资源，以便取得成功，完成任务。在故事中，我们经验丰富的海豹突击队员向村主任表示敬意，尊重其地位，当村主任走进小屋时，他脱下防弹衣，坐在村主任旁边。在东方文化中，坐在对方旁边是一种尊重的表现。相比之下，一个缺乏经验的海豹突击队员可能会穿着防弹衣（毕竟可能会被射杀）坐在村里长者的对面（这在西方文化中很常见），从而削弱自己的地位。

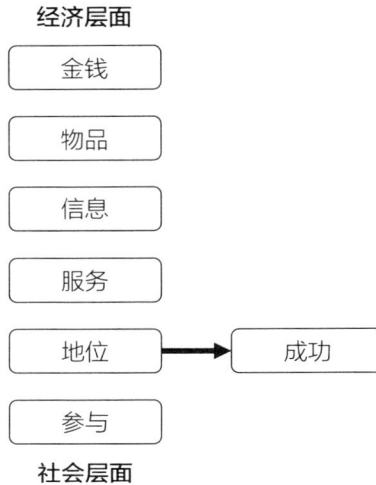

经济层面

金钱

物品

信息

服务

地位 ➡ 成功

参与

社会层面

图 2.1 资源理论

　　结构性知识与了解概念之间的相互关系有关。有一种理论用因果逻辑来解释这种关系。在故事中，因果逻辑被表达为一个主题。为什么海豹突击队会成功？你可以想象我们采访的海豹突击队员提供的故事和理论答案也许可以用于改善海豹突击队的训练。据估计，最初训练一名海豹突击队成员的成本高达 50 万美元，之后每年需要 100 万美元来维持海豹突击队的运作。尽管有这些财富，海豹突击队还是会犯错误。更好的故事答案能够产生共鸣，而更好的理论答案提供了精确性，以便确保对故事的理解以同样的方式被解释。此外，一种理论强调了战略选择，在这种情况下，海豹突击队可以利用资源之间的杠杆。总而言之，"为什么"的问题与结构知识的空白有关，而这些知识是由理论和故事答案填充的。

程序性知识

　　程序性知识与执行现实任务和取得成果有关。程序和行动相互关联，但又截然不同。请考虑这个问题："我怎么烤蛋糕？"如果你在网上搜索这个问题，那么结果中会出现菜谱。它是一个有顺序的系列动作的过程。当我们强调烤蛋糕的 10 个顺序步骤时，我们概述了一个程序。我们执行与过程中任何给定步骤相关联的操作，例如打碎鸡蛋。总之，"怎么做"的问题是与程序知识的空白相关联的，这些空白由程序和行动的答案来填补。

背景知识

找到你的海滩。

——科罗娜啤酒广告语

随着研究的进展，我和同事们开始把所有的拼图碎片拼在一起。我们解决了时间和地点的问题。时间和地点表示上下文。很明显，答案会随环境而变化。例如，假设你在 2020 年参加 ABC 软件公司的面试。你从大厅被带到面试室，在那里等待面试官。你调查了这家公司，你知道他们有员工流动问题。面试开始，面试官提出了尖锐的问题。你做了功课。你拿着你最好的员工流失理论和你作为经理减少人员流失的最好故事，在面试中一举成功。

现在，想象一下环境的变化。你面试的公司存在绩效问题。没有问题。你做了功课。你滔滔不绝地说着你最好的绩效理论和你作为经理提高绩效的最好故事。总之，如果你想获得这份工作，所有六种答案（理论、故事、概念、隐喻、过程、行动）都必须反映上下文（何时何地）。

背景中的"何时何地"，通常指时间和地点。然而，真正的语境是一种精神状态。2013 年，科罗娜啤酒因其"找到你的海滩"活动获得了艾菲奖金奖，以便表彰其在全球市场营销方面的有效性。在这个广告中，品牌方将海滩等同于一种精神状态，无论何时何地，你都可以找到它。例如，在一则商业广告中，一名乘客在拥挤的航班中坐在靠过道的座位上。他从空乘那里点了一杯科罗娜啤酒。一拿起啤酒，画面就转移到一张宁静的海边沙滩椅上。当过道另一边的一位女乘客告诉空乘"我也要一个"时，这则广告达到了高潮。广告结束时，男男女女坐在沙滩椅上碰杯，享受海风吹拂。

何时何地，即时间和地点，是真实背景的代表，真实背景代表认识世界的客观和主观方式。客观知识与左脑相关，是客观的、逻辑的、顺序的。我们的左脑偏爱关于理论、概念和程序的答案。右脑具有主观性、创造性和随机性。我们的右脑更喜欢关于故事、隐喻和行动的答案。因此，在之前的面试例子中，对问题（离职或绩效）的了解被转化为理论（客观的答案）或故事（主观的答案）。通过这种方式，综合起来的答案对大脑的两边都有吸引力。❶

总之，我们发现了一个 3×2 的对话矩阵，它描述了重点知识（交流的焦点）和背景知识（上下文）。重点是对话的主题（为什么、是什么、怎么做等问题和相关的答案），背景则可以分为主观和客观的知识，它们代表了认识世界的方式（图 2.2）。

在大多数对话中，客观知识和主观知识都是相关的，我们通常需要所有六种答案。例如，在面试中拥有所有六种答案会增加你得到这份工作的机会。你能想象你无法讲述一个故事来说明你是如何胜任这份工作，或无法提供一个程序来说明你是如何认真地完成工作的吗？在销售方面，拥有所有的六种答案都会让你获得订单。如果你不能解释你的产品与其他产品有何不同（行动类回答），或者不能解释你的解决方案与客户的战略有何

---

❶ 推荐有兴趣的读者阅读哲学家迈克尔·波兰尼（Michael Polanyi）在 1969 年完成的关于隐性知识和显性知识的著作，它们分别相当于主观认识和客观认识。

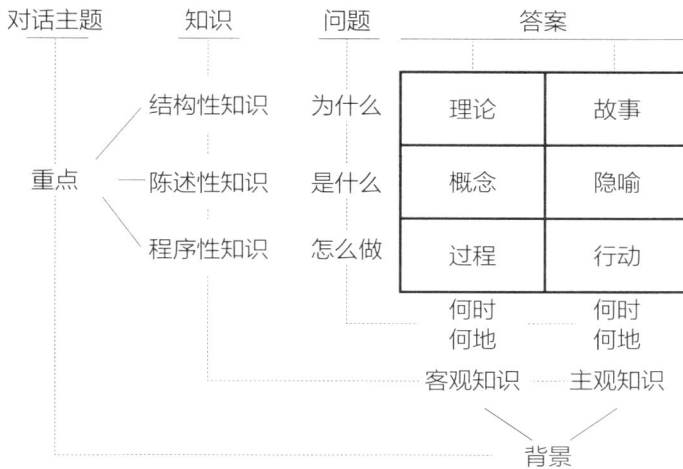

图 2.2　作为重点和背景知识的对话（提问与回答）

关联（答商理论），你肯定会丢掉这笔交易。在训练过程中，为了完全理解答商，所有六种答案都是必需的。如果你正在接受关于领导力的培训，定义（即概念）什么是领导力是很重要的，因为领导力有成百上千的定义。此外，为了给一个可能过时的定义注入活力，一个比喻可以以一种有趣的方式框定领导力的主题。在前面的例子中，所有的答案都很重要。

　　然而，在任何面试、销售或培训中，主观或客观的答案的重要性可能会有所不同。例如，在某次面试过程中，面试官认为求职者缺乏大局观会是一个问题。因此，强调客观答案（理论和概念）的求职者可能就不会被录用。在销售中，买方不得将其与卖方产品的相关性联系起来。销售代表可能会讲一个故事，一个主观的答案，来建立一种情感和个人的联系。在培训中，参与者可能相信领导力很重要，但他们想知道如何成为一个更好的领导者。在这种情况下，程序性和行动性的答案，代表客观和主观的知识，可能会被强调。

　　在商业或生活中，某些传播类型可能会对主观和客观答案给予不同的重视度。例如，戏剧《罗密欧与朱丽叶》（*Romeo and Juliet*）是一个发生在意大利维罗纳的故事，讲述了两个年轻的恋人和两个相互仇视的家庭。整个剧本隐喻了恋人的不幸。一般来说，戏剧强调故事和隐喻。与戏剧不同，在其他地方，教授可能会在课堂上强调客观知识。心理学教授在讲授爱的时候，会定义爱的概念，讨论不同的爱的理论。这位教授也可能会讨论程序（如何进行咨询），但可能会停止识别与有效咨询相关的所有行动（主观知识）。要关注你实际的爱的问题，你需要咨询临床治疗师，将重点放在与爱和管理他人关系相关的程序和行动（客观和主观的知识）上。

答商环形图

我们将上述的 3×2 矩阵转换成一个环形图，答商模型就完成了（图2.3）。一个环状结构对六种答案变量的性质有两个假设。第一，每个答案变量可以绘制在一个二维对话空间内。垂直通道根据三个主要问题和相关答案定义了对话的焦点。"为什么"问题的答案来自理论和故事，并与程序性知识相关联。"是什么"问题是由概念和隐喻回答的，与陈述性知识有关。"怎么做"问题是由程序和行动回答的，并与程序知识相关联。水平维度是对话的上下文（时间和地点）。这种背景涉及认识世界的两种方式：客观认识（理论、概念、过程）或主观认识（故事、隐喻、行动）。

第二，答案变量可以围绕环状结构组织。循环排序认为，当变量在一个轴上变得更极端时，它们在另一个轴上变得更温和。此外，答案变量在环形上的接近程度表明了它们之间关系的强度。换句话说，相邻变量的相关性最大（例如概念、过程），相反变量的相关性最小（例如过程、故事）。

环形图产生了接下来将要讨论的几种高答商实践。

图 2.3　答商环形图

五种高答商实践

在对世界顶级高尔夫教练的研究中，我们发现有五种做法与高质量的答案有关。我将这些实践称为答商，一种通过实践与相关的注意力和努力来开发的提供答案的能力。本书的第二部分将详细讨论这些实践，并在下面简要概述。

实践 1：提供六种答案。 高答商的人会使用六种答案（概念、理论、隐喻、故事、过程、行动）。简单地说，知道"为什么、是什么、怎么做"这些重要问题有六种答案是一种优势。对于每个问题，都有一个基本的答案。例如，如果一个买方问："我为什么要和你合作？"销售代表可以找出最好的答案，也许是一个故事（用情感影响来回答为什么的问题）。每个答案类型都与其关键属性相关联。理解和制作与属性一致的答案会使答案更有效。高答商实践 1 是高答商实践 2—5 的基础，这些后续的练习会使用六种答案类型的不同组合。

实践 2：回答两次。 高答商的沟通者回答两次，以便吸引左脑和右脑。"为什么"的问题可以用理论和故事来回答，"是什么"的问题用概念和隐喻来回答，"怎么做"的问题用程序和行动来回答。

实践 3：补充答案。 任何给定答案都可以用相近的答案来补充。例如，如果一个企业为其销售部门引入了新的客户关系管理软件，也许就会出现一个重要问题："我们为什么要改变？"企业可以选择以故事作为回应重点，使改变的解释富有感染力。故事的补充既要有关于变化的理论（一种相近的答案类型），也要有与变化相关的隐喻（另一种相近的答案类型）。通过补充，焦点答案得到强化。此外，补充时若六种答案类型都涉及，则可谓最佳补充答案。

实践 4：用风格回答。 回答风格有三种，每种风格都有各自适用的沟通目标。关系风格（隐喻和故事类答案）的目标是建立个人和情感联系。实践风格（过程和行动类答案）的目标是产出成果。分析风格（概念和理论类答案）的目标是在复杂的世界中进行解释和预测。

实践 5：根据背景回答。 房地产行业的格言是地段，地段，还是地段（即地点）。对于答商来说，类似的格言就是背景，背景，还是背景（时间和地点）。我们早已知道背景很重要。为了使答案效果最大化，六种答案类型都应该如实反映当前的背景。

第三章

运用答商来解释答商

一名顾问给我讲了一个关于沟通大师做演讲的故事。演讲结束时，一位听众评论道："你并没有使用你书中的方法来组织你的演讲。"演讲者由此失去信誉。毋庸置疑，我需要用答商来回答关于答商的问题。

什么是答商

作为一个概念，答商被定义为为重要问题提供高级答案的能力。任何概念都可以被进一步划分为有意义的维度。因此，答案作为一个整体概念可以分为六个维度（概念、理论、故事、隐喻、过程、行动），用于在背景（何时、何处）中回答"是什么"、"为什么"和"怎么做"的问题（图 3.1）。

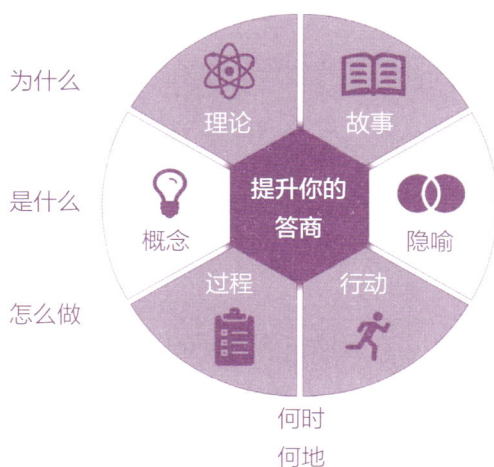

图 3.1　关于"是什么"的问题可以用概念或隐喻来回答

有几个隐喻可以被用来传达答商的重要方面。下面是一个扩展的隐喻。答商是一个目标。我使用答商作为目标来快速建立相关性。下面是训练中典型场景的演示。

我进入房间或舞台，背诵这段独白。

考虑一下这个思想实验。

你在酒吧里。你在酒水单上看到了卡美里特啤酒（Tripel Karmeliet）。

你要点这种啤酒吗？

我会解释我会怎么做。

世界上的每一种啤酒无非是拉格啤酒或艾尔啤酒。

这是艾尔啤酒。我喜欢艾尔啤酒。

这是比利时艾尔啤酒，它深得我心。

我朝调酒师打了个响指："请给我来一杯卡美里特啤酒。"

如果观众很投入，而且我感觉很好，那么我可以指指房间里的每个人补充说："给我的朋友们来一轮吧。"

为了营造戏剧性的效果，我展示了我手上的10根手指，宣布道："总共有10种啤酒构成了啤酒的分类。"

啤酒分类可以帮助你浏览你的酒吧订单。在元素周期表中有118个元素可以在实验室中找到。布卢姆的六个认知领域层次被用来引导课堂。波特五力模型被用来引导董事会。

你昨天、今天和明天问的每一个问题都可以被组织成问题的分类。

一共有多少种问题类型？

我停顿了一下，让观众回想一下他们在中学接受过的教育。

"答案是6，这很简单。"我在屏幕上闪过六类特殊疑问句式（是什么、为什么、何时、何地、何人、怎么做）。

一共有多少种答案类型？

［停顿］

这令人难以置信，但却是事实。我们生活在一个啤酒分类的世界，但我们没有答案分类（图 3.2）。

是什么
为什么
何时
何地
何人
怎么做

10　118　6　5　6

问题类型　答案类型

分类

图 3.2　缺失的答案类型

如果你在餐桌、办公室、教室或任何被问到重要问题的地方都能找到正确的答案，那不是很棒吗？

当你的小女儿问"什么是美"时，你准备好提供正确的比喻了吗？

当你的同事连续三个季度没有完成任务时，他问你"我该如何完成任务"，你准备好提供正确的程序了吗？

我将在这里与您分享引导世界的六种答案分类。

答商不仅仅是一份答案清单，答商也是一个目标。如果你没有目标可以瞄准，那么你击中目标的机会很小。当你点啤酒的时候，你有 10 瓶啤酒可以瞄准。当你不确定答案的时候，你有 6 个问题可以瞄准。当你将要开启下一个重要对话时，你第一次有了六种答案，这是一个目标。

答商是目标。

除了将答商比喻为目标之外，我还有其他几个答商隐喻，表 3.1 列出了示例。本书中还使用了其他关于答商的隐喻。

表 3.1　关于答商的隐喻

隐喻	释义
1. 答商是目标	如果你没有瞄准目标，那么你击中目标的机会就会下降。我们对特殊疑问句式（是什么、为什么、何时、何地、何人、怎么做）进行了分类，并且你第一次拥有了六种答案（概念、理论、隐喻、故事、过程、行动）的分类。这有很大的不同
2. 答商是标枪尖端	答商是对其他形式的智力的补充，这些智力是先决条件或输入，使答案更有效。认知商数（CQ）、体能商数（PQ）和情绪商数（EQ）就像抛向空中的标枪的长杆，在撞击之前提供力量
3. 答商是容器	一个常见的问题是，我可以使用答商进行何种类型的交流？答商是一个可以容纳任何交流话题的容器，就像把液体倒进容器一样。辅导问题、领导问题、销售问题、变革问题或任何话题都可以通过答商进行沟通，参见本书第三部分的答商对话
4. 答商是硬通货	答商是这个世界的硬通货——像金钱一样有价值的东西。我们聘请顾问是因为他们有能力提供答案。最好的老师能够回答我们的问题。当找到答案时，问题就解决了。这是答案提供的影响
5. 答商是剧院	"为什么""是什么"和"怎么做"型问题是由舞台上的演员（即人物）提出和回答的。布景是戏剧表演的背景（何时何地）。参见第十五章的一个扩展的戏剧隐喻
6. 答商是一套高尔夫球杆	在光滑的草地上，驱动杆是为长距离设计的，推杆是为短距离设计的。同样地，每个答商答案都是针对不同的问题设计的。选择正确的球杆，就像选择正确的答案一样，这是成功的关键

续表

隐喻	释义
7. 答商是可以与地图一起使用的指南针	指南针是一种可以在任何环境下使用的导航工具。地图是描述特定地形的。在一个熟练的徒步旅行者手中，指南针和地图可以结合使用。类似地，答商也是一个可以与地图一起使用的指南针（特定内容领域的知识，例如销售、辅导、面试等）。参见第十六章关于销售答商的指南针和地图隐喻

答商为何重要

让我告诉你一个关于我早期经验的故事，当时我知道答商很重要。答商环形图是我最近开发的，我在谈话中对答商进行了压力测试（图 3.3）。我使用了六种答案（理论、概念、故事、隐喻、过程、行动）和 5 项高答商实践。我和一位主管见了客户。我正在研究一个技术支持的解决方案，它需要三方合作（我、高管和第三方技术顾问）。我想用一个隐喻来回答

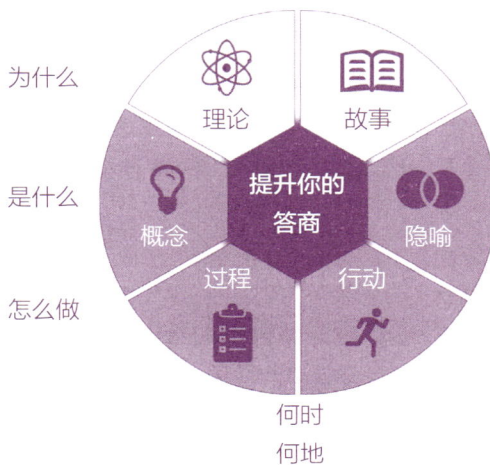

图 3.3 关于"为什么"的问题可以用故事或理论来回答

这个问题，"什么是伙伴关系？"我试图把交易性伙伴关系与真正的伙伴关系（有价值的信任关系）区分开来。

我不太愿意用隐喻。我在谷歌上搜索了几个关于合作关系的隐喻，它们都让我觉得很做作，很普通。通过对"合伙"和"三方"的思考，我有了一个灵感。我决定用三脚凳来比喻。虽然它仍然很普通，但是我感觉很合适，而且我觉得自己会乐于分享它。第二天，我对这位高管说："我们三个人一起工作就像一个三脚凳。如果把凳子的一条腿拿走，凳子就倒了。我们的伙伴关系也是如此（图3.4）。"我知道这是有效的，因为几天后，这位高管在随后的谈话中不由自主地使用了这个隐喻。真棒。

我　　　　　高管

顾问

图 3.4 "三脚凳"伙伴关系

隐喻，比如三脚凳的隐喻，是高风险的。每一个隐喻生效的同时，都有一个不贴切的隐喻失效了。起初，这对我来说是随机的。然后我想到，凳子的隐喻起作用了，因为我已经向这位高管提供了其他关于合伙的答案。在答商方面，我通过讨论执行伙伴关系的程序和行动来解决"怎么做"的问题。在回答"为什么"的问题时，我分享了一个故事，说明顾问是一个很好的合作伙伴。最后，从分析的角度，我阐述了理论，即伙伴关系有助于实现高管业务目标的策略。我还强调（作为一个概念）每个合伙人（我、顾问、高管）的作用。总的来说，这五个答案支持了这个隐喻。听到我的隐喻后，我可以想象这位高管的内心独白……

布莱恩·格利布科夫斯基："我们三个人一起工作就像一个三脚凳。如果把凳子的一条腿拿走，凳子就倒了。我们的合作关系也是如此。"

高管（内心独白）："我相信这个隐喻。这个隐喻与第三方顾问的故事是一致的。这是我可以信赖的伙伴。"

或者是另一番内心独白……

高管（内心独白）："我相信这个隐喻。有明确的合作计划（答商过程）。我看得出来，这一定管用。"

他们的内心独白可能包含其他答案——理论、概念或行动。对隐喻的支持可以被体验为所有答案的格式塔，一种为隐喻增加可信度的潜意识。不管这种支持是如何经历的，我意识到我已经练习了如何补充答案（高答商实践 3；参见第六章）——任何给定的答案类型，例如一个隐喻，都可以通过提供额外的答案类型来加强。

经过进一步的思考，我明白了三角凳的隐喻为何会生效。在课堂上，我有幸看到优秀的演讲，但偶尔，我也会目睹糟糕的表现。有一次，一个学生做了一个关于创造力的演讲，他提出了一个比喻，一个似乎是从互联网上随意摘下来的比喻。这个比喻很平淡，没有用。它让我感到困扰，为什么一个比喻很平淡，而另一个却很有效。这似乎太武断了。但现在我明白了。我的比喻起作用了，因为它得到了其他五种答案类型的支持。而这个学生的比喻不仅平淡无奇，而且在他的演示中，他的所有答案类型都平淡无奇，甚至完全没有意义！

总之，三脚凳的故事是关于隐喻的力量。这个故事是关于一个沟通者（我）是如何尝试答商沟通并发现其价值的。我学会了把隐喻从一种被认为理所当然的语言工具提升为一种有目的的交流工具。隐喻，一个我最不确定的答商答案，已经显示出它非常有影响力。此外，其他五种答案类型的力量支持了三脚凳的比喻。所有六种答案都是真实的，答商是真实的。

从理论上讲，答案会带来影响（图3.5）。三脚凳的比喻影响了这位高管，让他把我们的合作视为值得信任的伙伴关系。当一个经理面对一个重大的职业决定，如是否接受另一家公司的工作时，一个故事可以说服这位经理接受或不接受这份工作。员工在车间组装产品的方式则受其手册中列出的程序的影响。

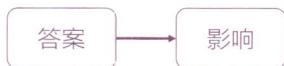

答案 ⟶ 影响

图 3.5　答商理论：答案会产生影响

弗朗西斯·培根说过："知识就是力量。"答案提供了三种类型的知识——结构性的、说明性的和程序性的——来影响一个人。理论和故事提供了解释概念之间相互关系的结构性知识。概念和隐喻分别为理解概念提供了陈述性的知识，包括具体的术语和相关的比较。程序和行动分别提供程序知识、过程中的步骤和与每个步骤相关联的具体行动。

答案的影响是根据答案的风格来区分的。关系的风格，即故事和隐喻，创造了一种情感联系。分析的风格，即概念和理论，可以用来解释和预测复杂的世界。务实的风格，即程序和行动，可以令我们取得成果（图3.6）。

如何运用答商

_____是答商。请用任意主题填空。答商适用于商业或生活中任何对你来说重要的话题。

- **面试答商**：也许你要参加一个工作面试，并希望在面试中做出正确的回答。

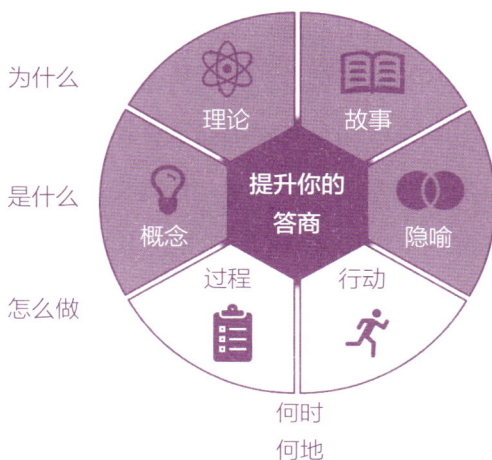

图 3.6　关于"怎么做"的问题可以用过程或行动来回答

- **领导力答商**：你是一名新晋领导者，希望给人留下良好的第一印象。
- **销售答商**：你想回答好客户的问题并完成交易。
- **演讲答商**：你要向决策委员会做 30 分钟的报告，你需要给人留下深刻印象才能让自己的项目获得批准。
- **培训答商**：一个完整的培训能够为任何话题全方位提供六种答案。
- **其他**

让我们来看看演讲答商。你是如何进行演讲的？每个演讲都有相应的过程和行动。过程通常很重要。身为教授和顾问，我做过很多演讲。在自我反思的基础上，我将自己的演讲过程提炼为两个步骤。

步骤 1：激发提问。

步骤 2：给出答案。

学生和经验丰富的专业人士往往沉迷于设计幻灯片，并在幻灯片中塞满信息。他们认为幻灯片就是取胜关键。其实幻灯片只在激发提问时有用。在所有我聆听过的高管演讲或我自己面向高管所做的演讲中，最好的演讲总是能激发高管提出重要问题。无法激发提问的幻灯片，永远不会取胜。而如果提出的问题得到了回答，那么演讲者便成功了。无论在教室还是董事会会议室，这两个步骤对我来说都十分管用。

和过程一样，行动通常也必不可少。行动支撑着过程的每个步骤。例如步骤 2（给出答案）中，在微软幻灯片处于放映模式时，按下键盘上的"B 键"就是一个有效行动。按 B 键会使屏幕变黑（图 3.7）。黑屏有两个好处。首先，你所展示的幻灯片往往会激发提问，但问题一般都超出了幻灯片的范畴。如果幻灯片上的内容与提问不相关，那么屏幕变黑更好，否则它就会分散注意力。其次，黑色的屏幕为提问的高管提供了舞台，同时也为你提供了舞台，当你坚定地给出答案时，你就赢了。

图 3.7　在幻灯片放映模式下，按 B 键是一个高质量行动，能够使屏幕变黑

第二部分

五种高答商实践

世上最困难的事儿，是化繁为简。

——莎拉·班·布瑞斯纳

最初关于答商的研究，是在对《高尔夫文摘》和《高尔夫杂志》评选的世界顶级高尔夫教练进行研究的基础上开展的。专业的高尔夫教练致力于为客户提供最佳答案。他们潜心钻研的方式很常见。例如，其中一位高尔夫教练有一个个人图书馆，里面有 3500 本书。这种对周围世界的求知欲，令他在高尔夫球场上与他人交流时做好了充分准备。答商的贡献，在于研究了这位高尔夫教练究竟从这 3500 本书中提炼了哪些精华，使他能够向客户提供令人信服的答案。说得更通俗一些，就是顶级高尔夫教练的哪些做法，可以被其他希望沟通更加顺畅的人复制？

按照丹尼尔·戈尔曼 ❶ 的说法，要专注实践 1 万小时才能成为专家。不是随便什么实践，而是专注实践。对顶级高尔夫教练的研究，让我们确定了五种高答商实践，其他人可以用这些方法来提升他们回答问题、谈话和沟通的总体水平。这五种高答商实践并非捷径，而是为任何愿意付出时间的人指明了正确的路径。这些实践提供了一种可能性，即任何人都可以实现从新手到专家级沟通者的宏伟目标，或至少变得更务实，实现一些值得称赞且循序渐进的目标。我已经用答商提升了自己的教学水平。你也可以用答商来提升销售、领导力、面试、品牌推广、辅导或其他任何个人或商业优先事项。

提升答商时你会发现，答商的提高源自良好的认知和行为。答商是一

---

❶ 丹尼尔·戈尔曼（Daniel Goleman）：哈佛大学心理学博士，代表作为《情商》。——译者注

项技能。技能的发展与行为参数（准确性、速度、灵活性、多任务表现）和认知参数（认知努力、出色的行为体验、评估和监测思想与行动的元认知过程）有关。

第四章

高答商实践 1：提供六种答案

千里之行，始于足下。

——老子

第一步是最有影响力的一步，因为它决定了你行进的方向。你可以选择相信答商，并进行五种高答商实践，也可以选择不这么做。对于想要提升答商的人来说，这最重要的第一步，就是提供最佳答案（高答商实践1）。每一场重要的谈话都包含了六种答案。高答商实践1非常简单。在下一次谈话开始前，你可以先准备六种答案，在谈话过程中，你可以使用这六种答案（或其中一种），谈话结束后，你可以对自己的回答进行复盘，以便确定下一次谈话要做出哪些改变。高答商实践1是高答商实践2—5的基础，因为后续的每种实践都是以不同的组合在使用这六种答案。

接下来我们将逐一探讨这六种答案。为了使讨论具有连贯性，我会拿我在课堂上教授过的谈判作为实例，来讲解这六种答案类型。对于每种答案，我都会列出高答商实践的含义，以便清晰展现其中的关键点。最后，每项答案论述的结尾都含有自我评估，方便读者衡量自己的答案质量。

概念

时机成熟的想法所向披靡。

——维克多·雨果

在回答"是什么"的问题时，概念提供了客观型答案（图 4.1）。
概念是一种可以用基本维度来定义和描述的想法。

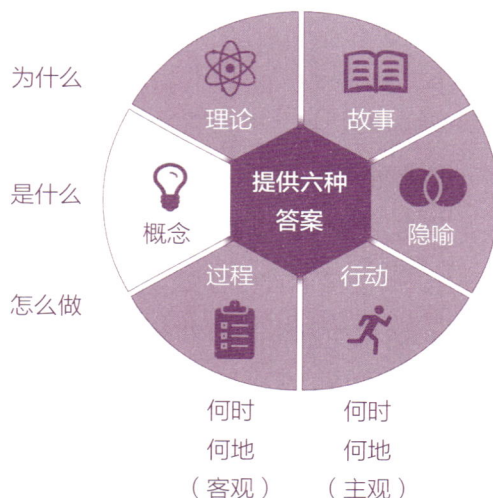

图 4.1 概念是对"是什么"问题的客观回答

定义

作为一名博士生，我曾经在一次研讨会上发表了一篇论文，该研讨会
由俄亥俄州立大学主办，致力于研究组织内的承诺。大多数与会者都是全
职教师，我是为数不多的博士生之一。在学术界，组织承诺的研究重点，
一是承诺的对象，例如主管、团队、组织；二是承诺的基础，例如情感或
成本效益等原因。概念（例如承诺）的特点，就是能够被定义。在我参加

研讨会之前，组织承诺多年来一直是该大学主要的研究方向。尽管历史如此，俄亥俄州立大学的研讨会依旧让我感到震惊，因为大部分讨论都是围绕承诺的定义而展开的。我开始意识到，学术界内外关于定义的争论一直十分激烈，并随着时间推移而变化。《经济学人》杂志的一位作者曾经写过一句名言："没有人真正了解什么是（商业）战略。"领导者有多少，关于领导力的定义就有多少。与客户合作时，我会询问他们的关注点是什么。有一家银行对员工敬业度很感兴趣。在一次一对一会议上，我问银行高管如何定义员工敬业度。他没有定义员工敬业度，而是举了一个例子："我的员工经常微笑。"这也许是敬业的表现，但这不是一个可以用于员工培训的操作性定义。定义很重要。

维度

任何概念都可以划分成不同的维度。例如，员工敬业度（作为一个整体概念）可以分为三个维度：认知投入、行动投入和情感投入。认知投入型员工时时刻刻都在想着工作。行动投入意味着员工能坚持完成工作或有精力去完成工作。如果员工对组织有情感投入，那么当组织运行良好时，他们会很高兴。当网上出现组织的负面消息时，他们就会很难过。我把这三个维度告诉银行高管，他点头表示同意："没错，这就是敬业度。我们对员工的敬业度很感兴趣。"

概念示例

表 4.1 是一些在商业中使用的概念示例。这些概念来自学术文献，但组织和个人也会阐述自己特有的概念。此外请注意，任何概念都会有不同的定义和维度。

表 4.1　一些概念示例

概念	定义	维度
人格	个体在思维、感觉和行为特征模式上的差异	大五人格模式包含五个维度： • 对经验的开放性 • 责任心 • 外向性 • 宜人性 • 神经质性
情商	准确推断情绪的能力，以及运用情绪和情感知识提升思维的能力	• 情绪感知 • 情绪理解 • 情绪调节
资源	通过人际行为传播、能够满足需求的任意物质性或象征性事物	• 金钱 • 物品 • 信息 • 服务 • 地位 • 参与
领导力（仆人式）	从定义来看，仆人式领导视下属的需求高于自身需求，并集中精力帮助下属成长以便发挥其最大潜力，实现组织上和职业上的成功	• 概念性技能 • 赋权 • 帮助下属成长和成功 • 把下属放在第一位 • 行为合乎道德 • 情感治愈 • 为社群创造价值
领导力（领导者 -成员交易模型）	领导者与每位下属建立独一无二的关系或交流模式	• 贡献 • 忠诚 • 情感 • 专业尊重
信任	一个人对他人的言论、行动和决定有信心并愿意据此行事的程度	• 认知信任 • 情感信任

续表

概念	定义	维度
整合式谈判	一种双方的愿望都能得到满足、任何一方都不必作出牺牲的解决方案	● 发现问题 ● 寻找替代方案 ● 结果选择
答商	对重要问题提供高质量答案的能力	● 故事 ● 隐喻 ● 理论 ● 概念 ● 过程 ● 行动

谈判的概念

在组织行为学课上，我教授的其中一个主题就是谈判。谈判每天都在发生，包括销售谈判、面试、国家之间的贸易谈判，等等。尽管我们对谈判很熟悉，但是人们仍然存在许多困惑。比如在谈判过程中，是应该你赢、对方赢还是达成双赢？不同的学生可能会选择不同的方法（我赢你输、我输你赢、双赢）。经过短暂的讨论，大家也许会同意双赢是最好的，因为双方都能获益，而且能使长远关系持续得到维护。

然而，双赢的含义有点儿模糊不清。这时，一个定义明确的维度化概念就可以使双赢的含义更加清晰。谈判可指"两个或多个复杂社会单位，为了定义或重新定义其相互依存的条件而特意进行的互动"。根据这个定义，我赢你输、我输你赢和双赢可以理解为三种类型的相互依存。整合式谈判则指"一种双方的愿望都能得到满足、任何一方都不必作出牺牲的解决方案"。该定义与双赢是一致的，并以戏剧性的方式表明，即使在极端情况下，大家也都能受益十足、"不必牺牲"，各方都能是赢家。这有助于加深理解，且这个定义可以用来与看似双赢的概念进行对比，例如"妥协"，但这种行为并不是完全意义上的双赢。

对许多概念而言（包括整合式谈判），只有理解了它们的各个维度，我们才能充分领会其含义。整合式谈判包含三个维度：发现问题、寻找替代方案以及结果选择。

在招聘谈判中，如果双方（企业和求职者）都专注于发现问题，他们就能理解彼此的需求。比如说，求职者也许想平衡工作与家庭，而企业则希望招一个与企业文化契合度高的员工。在整合式谈判中，大家可以充分表达和探讨这些需求。但说起来容易做起来难。例如，求职者可能不愿意坦承自己对平衡工作和家庭的渴望，因为他担心这会显得他对企业不忠诚。

寻找替代方案是指双方都能找到满足对方需求的潜在解决方案。例如，平衡工作与生活可以通过弹性工作时间、额外的假期、设立企业日托中心来解决（这样孩子们就在附近，员工时不时就可以去看看他们）。但因为急于求成，所以这一步往往被忽略，或者双方都开始把关注点缩小到满足自身需求的潜在解决方案上。各方不再以整合式思维（双赢），而是以利己（我赢你输）的思维方式行事，只关注能满足自身需求的潜在解决方案。

最后，若双方选择了对双方都有利的解决方案，那么这就是整合式的结果选择，也就是运用认知推演的方式，对各方的不同解决方案进行统计和比较，找出双赢的解决方案。不过，双方可能都倾向于寻找满足自身需求的解决方案，而不顾对方利益。

你可能会觉得对概念进行定义和维度化似乎很"简单"，对吗？虽然看似简单，但是所谓对概念的理解也许是虚幻的。

第一，人们可能在概念的定义及其对谈判的意义上存在分歧。一方专注于整合式谈判（双赢），而另一方却不这么想（我赢你输）。从这个意义上来说，概念是谈判的根本。

第二，概念既可以是模糊的，也可以是清晰的。从这点来看，定义很重要，维度也很重要。例如，整合式谈判是一个宽泛的目标。相反，将过程和行动定位到整合式谈判的各个维度——发现问题、寻找替代方案和结果选择——则可以提供更具体的目标。比如，将价值对半（50%～50%）分配给双方，就是一个与整合式结果选择相关的行动。当每个维度都有具体的过程和行动时，它们就能使谈判的目的明确，并实现对整合式谈判的全方位覆盖。

第三，即使概念被定义和维度化，它们也不一定能被完全理解。通常人们可以通过进一步的思考来加深理解。例如，问题识别和寻找替代方案被称为"价值创造"，结果选择被称为"价值主张"。从视觉上看，如果价值创造更大（识别了更多的问题和潜在的解决方案），那么谈判的潜在价值就从（a）增加到（b）（图4.2）。在价值主张（结果选择）过程中，如果各方找到的解决方案比他们谈判协议的最佳替代方案❶更好，他们就会赢。例如，求职者可能有一个替代的工作机会。组织可以雇用一个不同的候选人。潜在的综合价值分配发生在各方最佳替代方案之间的潜在协议区〔图4.2中的（c）〕。换句话说，如果报价太低，求职者就不会接受，因为他们可以通过为另一个组织工作获得更多的价值。此外，如果雇员要求太高，那么组织会寻找另一个候选人，因为他们可以通过选择另一个候选人获得更多的价值。

---

❶ 谈判协议最佳替代方案指的是假如谈判不成，达成目标的其他可能性，如果除了谈判结果之外，其他的可能性微乎其微，那么谈判者就应该尽量将谈判谈成而不是放弃。一个人对最佳替代方案的估计决定这个人的谈判底线或者临界点在哪一点，在这一点之上，任何谈判条件都超越他的期望，都是他可以接受的。——译者注

价值创造 价值主张

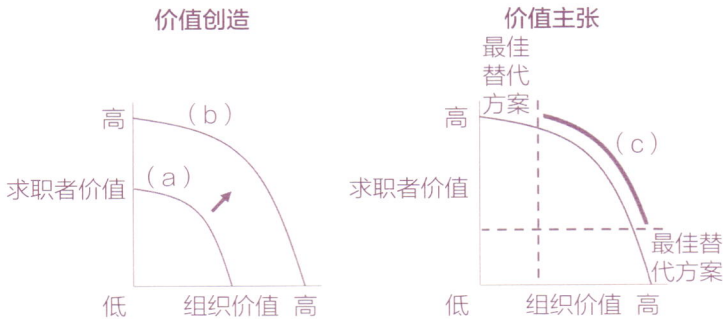

图 4.2　整合式谈判的多维效用分析

使用多维效用分析，我们可以加深对综合谈判的理解。学生可以更好地理解这三个维度及其相互关系（价值创造和价值要求）。此外，这个分析将最佳替代方案引入讨论，以便进一步解释什么是"双赢"的结果选择或价值主张。具体来说，双赢的结果选择是指每一方都得到了比他们在其他地方能得到的更好的交易。

第四，当概念被充分理解后，它们可以被内化。例如，当谈判变得困难时，学生是会忘记整合，还是会坚持到底？这在很大的程度上取决于这个概念是被内化了（明确的定义和清晰的维度）还是被肤浅地理解。

第五，一个被充分理解的概念对于提供其他答案（故事、隐喻、理论、程序、行动）很重要。例如，如果整合性谈判被理解为一个概念，那么我们就有可能确定一个适当的隐喻。概念又是理论的组成部分。通过对整合性谈判的理解，我们有可能对整合性谈判的结果和前因进行假设。在本章的后续小节中，我们将从其他五种答案类型的角度来研究整合性谈判。

高答商实践的含义

1. 概念能够化无序为有序。每天，你都会受到个别过程、态度和行为的冲击。概念使你能够将个别事物组织成一般的类别，这样你就能驾驭自己与其他人的关系。例如，你可以从个别行为（例如随性的手部动作、每次见到人就微笑、健谈）归纳出一个人是外向的（一个性格概念）。如果没有对概念的映射，那么个人的行为将毫无意义。如果你给一个人贴上外向的标签，你就可以激活能够影响这个人的故事、隐喻、行动、程序和理论。除了对他人做出反应以外，概念还为个人、团队和整个组织提供了一个主动的结构，以便确定什么是重要的。根据波特的观点，一家公司可以追求两种竞争战略中的一种，即低成本或差异化。一个拥有差异化战略的公司会围绕这个概念组织所有的答案类型。因此，其他所有的答案都可以通过差异化的视角来看待——差异化的故事、差异化的隐喻、差异化的行动、差异化的程序和差异化的理论。

2.**思想是变革的种子。**可以说，所有的变化都是从一个想法（一个概念）开始的。想法就像种子。我们种下一些，它们会长成大树，而另一些则从未见过阳光。一颗种子（在地下）本身并不能吸引大多数人的注意力或想象力。但是，当一粒种子刺破地面，长出树干和树叶时，它就会受到关注。这就是思想（作为种子）和其他答案类型之间的关系。一个想法，在地面以下时，在其种子发芽之前，有一段休眠期，许多种子并没有发芽。在休眠状态下，想法会受到批评，例如"想法是一毛钱一打的"，这显然是指缺乏程序和行动。或者说，如果没有故事，这个想法就不能吸引人。如果没有一个理论，那么一个想法是没有方向的，而潜在的大想法，由于没有与我们关心的结果相联系，其规模就会缩小。想法不是变化，它们是变化的种子。如果一个想法与其他领域相联系，种子就会刺破地面，树的大小和身材就会被注意到。地上树木的大小与地下根系的大小成正比。只有重要的想法（根系）才能支持集体的重量（树木），发展出良好的答案（故事、隐喻、理论、程序、行动）被其他人注意到。

3. **概念是理论的基石。** $X \rightarrow Y$ 是一个简单的符号结构，其中 X 和 Y 都是概念。如果没有对概念以及它们如何相互关联的坚定理解，任何理论都是不可能成立的。

4. **概念是过程和行动的目标。** 每个程序和行动都可以有目的地针对一个概念。我从一家咨询公司听到一个故事，说他们如何发送电子邮件以便显示创新。现在听起来很疯狂，但这个故事发生在 1987 年。那时电子邮件刚兴起不久，在这样的背景下，高管们对这些电子邮件持接受态度。事实上，他们认为这些电子邮件是咨询公司使用这种新技术的一个标志，是一种创新。

今天，我们有垃圾邮件过滤器，高管们躲在防火墙后面，它们可以阻止任何未经允许的电子邮件。时代变了，一封简单的电子邮件，曾经被认为是一种创新的行为，现在已经不再被认为是创新了。今天，同一家咨询公司正在使用播客、微博和其他现代通信形式，以便显示创新（并接触高管）。众所周知，咨询公司是技术的早期采用者，因为这与他们希望在市场上培养创新品牌有关。为了持续创新，行动和程序将发生变化，但咨询公司，或任何有兴趣驰骋市场的人，必须不断地瞄准同一个目标——创新或任何重要的概念——以便面对不断变化的程序和行动。

咨询公司的例子显示了积极主动地针对一个概念的好处。另一种情况是，程序和行动没有明确地针对一个目标。通常情况下，没有目标的概念会导致问题。作为一名初级教授，我喜欢在课堂上打领结。我并没有多想。后来，我收到学生的教学评估，他们认为我不尊重他们。有几个人指出我的领结是精英主义的象征。我很震惊。我是那种会说"我从学生那里得到的和他们从我这里得到的一样多"的教授，我尊重学生，或者我是这么认为的。是哪里出了问题呢？

我没有故意将我的行为认定为不尊重学生。我是我无意识行为的受害者，我的行为是习惯性的（没有意识到我行为的目标概念）。我立即把领结收起来，开始在课堂上穿更多的休闲服，这种做法一直持续到今天。在其他方面，我检查了一些我自认为理所当然的做法。例如，大多数学生（现在）和过去几年的几乎所有学生都能回忆起期末考试前在走廊上排队与教授谈话的仪式。在某种程度上，要求学生坐在走廊上表明我缺乏尊重。我的时间比他们的时间更有价值，这是一个隐含的信号。为了表示对学生的尊重，我寻找了一个不同的解决方案。我成为一个日程安排应用程序的早期采用者。学生可以在办公时间内安排 20 分钟的会议，而不是在大厅里等待，跳过排队，并出现在预定的会议上。我系统地改进与发展了新的过程和行动，以便显示对学生在课堂内外的尊重。我的评价有了很大的改善。

最后，过程和行动可能会针对错误的目标。例如，我对一家食品制造公司的财务和会计经理进行了调查研究。这些经理不觉得提供社会支持是他们工作的一部分。如果员工相处不好，那么他们会被推到人力资源部。向人力资源部门反映情况是标准程序的一部分。在访谈过程中，经理们表示这样做更有效率，因为他们并不是人际关系方面的专家。但学术文献中的论证很清楚，经理们提供的社会支持和任务支持，这两者对员工的表现和工作满意度都很重要。这些管理人员放弃了他们的社会支持责任。换句话说，这些管理者以效率（作为一个概念）为目标，他们没有把社会支持（作为一个概念）看作他们程序和行动的目标。

所有这三个例子——咨询公司的明确目标、教授（我）的无目标、财务和会计经理的错误目标——都表明，作为过程和行动目标的概念对于决定任何程序或行动的成功非常重要。

5. 隐喻是概念间的对比。正如本章的隐喻部分所讨论的，隐喻是概念间的对比。例如，在一次商务会议上，一个同行可能会说"让我们把你的速度加快"。这是指进入高速公路，车辆加速以便达到与路上其他车辆相同的速度。这个比喻与加速的共同概念有关，高速公路上的油门与踏板，以及工作场所的信息传递。这个比喻隐含地传达了信息的传递方式，即一种快速、一致、安全和可行的方式——就像在高速公路上与车流合并一样。选择正确的概念是识别和向他人传递比喻的前提。

自我评估

操作说明：在表 4.2 的空白处填写你感兴趣的话题（销售、面试、谈判、领导力等），并评估你对答商概念的理解。

理论

一个人若偏爱实践却缺乏理论，就如同水手登上一艘没有舵和罗盘的船，永远不知驶向何方。

——列奥纳多·达·芬奇

理论通过提供客观的答案来回答"为什么"的问题（图 4.3）。

理论是概念之间的因果逻辑，并有证据支持。

理论被描述为实践的反面。理论是抽象的，而程序和行动是具体的。理论代表了可以应用于不同情况的世界模型。理论是由高管、经理和雇员确定的，以便其在他们的世界中运作。我们对理论的选择揭示了我们对企业和整个世界的运作方式的假设。通用的商业战略（例如低成本或差异化）是一家公司可以选择采用的理论。此外，道格拉斯·麦格雷戈的 X 理论和 Y 理论，揭示了关于员工激励和工作绩效之间关系的假设。在 X 理论下，管理者对员工持悲观态度，认为他们没有动力，不喜欢工作。相反，在 Y 理论下，管理者认为员工是自我激励的，喜欢工作。在 X 理论

表 4.2　关于概念的自我评估

	（1）较差	（2）待提升	（3）较好	（4）良好	（5）优秀
重点	我很少思考___的概念	我有时会思考和讨论___的概念	我经常思考和讨论___的概念	我能自己对___的概念进行深刻反思，并与他人一起进行反思	我已经吸收___的概念，并能自发地将其传达给他人。我在多个不同场合下使用了___的概念
定义	我对___理解不佳	我能理解___，但无法定义	我能定义___	___的定义有实例支持	对___的定义已经细化至基本性质和关键属性。可以描述共同构成整体概念的更具体的___概念
维度	尚不清楚将哪些特定的概念维度组合起来有助于全面理解___	对___的概念维度理解不深	能够着重理解___的概念维度	能够简洁完整地提炼出___的概念维度	我已经消化___的概念维度，并将其传达给他人

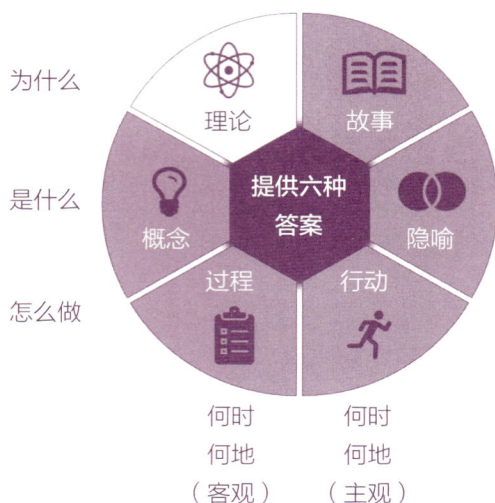

图 4.3　理论是对"为什么"问题的客观回答

下，管理者对员工进行微观管理，而在 Y 理论下，管理者使用参与式的管理方式。

　　理论涉及选择（例如，X 理论或 Y 理论），但矛盾的是，它也涉及描述心理学、社会学和其他类型的科学关系的类似规律的模式，这些模式不太适合选择。例如，组织内的培训和发展部门最好知道，在学术研究中，自我监控已被确定为学生的一个主要缺点，它抑制了学习。具体来说，学生往往过分强调自己的优势，而不能很好地监测自己在知识或技能方面的差距。换句话说，如果这种经验关系是有效的（自我监控→减少学习），那么忽视这种关系的培训和发展部门就可能忽视了阻碍学习的重要理论因素。

简单结构理论

　　对于一道主菜来说，简单的调料就是盐和胡椒。类似地，我把一个理论的简单结构称为最基本的理论。一个简单结构由两个概念 A 和 B 组成，其中一个概念与另一个概念有因果关系。因此，A → B 是一个简单结构理论。有许多简单结构理论，表 4.3 列出了其中的几个。

表 4.3　简单结构理论的一些示例

简单结构理论	注释
激励→工作绩效	在 X 理论下，员工被认为是没有积极性的，而管理者会对员工进行微观管理。在 Y 理论下，员工被认为是被激励的，而管理者会使用参与式管理风格
主管关系→工作绩效	主管与雇员的关系被认为是组织内最重要的关系
员工敬业度→工作绩效	任何组织都很有可能有一个已经启动或正在进行的员工敬业度计划
离职意向→流动率	员工离开组织的愿望是预测实际流失率的最佳因素
辅导→职业成功	有导师的员工在当前和未来的工作中表现更好
自我监督→学习	学习理论家已经发现，学生的自我监控能力往往很弱，他们经常高估自己的知识。自我监控对于识别未知事物并进行纠正以便提高学习效果非常重要
答商→影响力	提供答案的能力对影响他人很重要

目标设定理论（复杂结构理论）

当然，主菜可以有复杂的调味料，而不仅仅是盐和胡椒。类似地，一个理论可能会因为多个原因、多个结果、多个调节因子等而变得复杂。简单结构理论和复杂结构理论是有区别的。在一个复杂的结构中，概念之间的相互关系可以超越两个概念的因果关系，包括三个或更多的变量和各种关系模式。为了说明这一点，可以考虑目标设定理论，在组织行为学教授调查的 73 个理论中，目标设定理论被认为是最重要的。目标设定理论的核心发现是，与个人"尽其所能"相比，特定的、困难的目标会带来更高的绩效（图 4.4）。

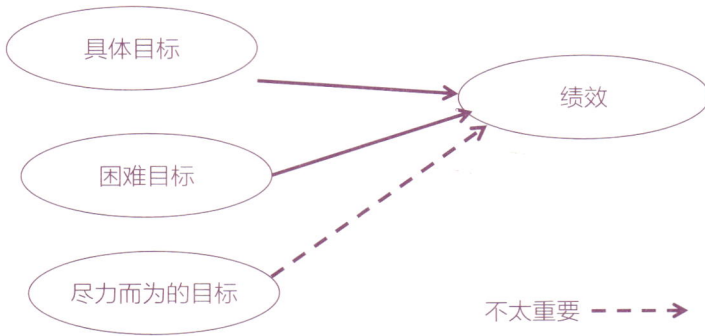

图 4.4　具体和困难的目标比尽力而为的目标更能带来高绩效

在商业世界中，目标设定无处不在：我们制定销售配额，为团队制定项目目标，并在发展计划中为员工制定延展性目标。在这种背景下，我们很想看看目标设定理论图，然后说"那又怎样""我知道这个"或者"我就是这么做的"。然而，理论可能是虚幻的，你可能并不总是在实践目标设定理论。如果你的孩子参加过体育运动，那么你是否曾经告诉你的孩子"尽你所能"？也许你的父母已经给过你尽你所能的指示。大多数父母都使用尽你所能的目标。然而，不同环境下的经验证据一致发现，具体而困难的目标比尽力而为的目标要好。在 MBA 的课堂上，我问有多少学生认为尽力而为的目标应该用在父母身上？有几个会举手。接着，我用一个故事来进行说明。

我给我五岁的孩子报名参加室内足球，每周一次，在监督下练习，并进行小范围的比赛。他非常紧张，而且拒绝与其他人一起练习。因此，在三个星期里，我把我的孩子带到一边，我和他进行一对一的练习，他的同龄人在我们旁边的教练的监督下一起玩儿。其中一项是把球踢到墙上。教练使用的是"尽力而为"的目标，因为教练鼓励孩子们把球踢向墙壁，当他们撞到墙壁时就会鼓掌。相反，我制定了一个具体而困难的目标。我指示我的孩子把球踢到离地面约 0.3 米的水平线上，线画在墙上。把球踢过这条线是很具体的，而且很困难，但对我的孩子来说是可以实现的。我们连续做了三个星期，到了第四个星期，我的孩子终于感觉到可以加入其他孩子的集体教学了。当他这样做时，很明显他踢球的力度和高度都超过了其他孩子。一位父亲走到我身边，称赞我的孩子有着"强壮的腿"。

在这个故事之后，MBA 班的学生会分享在他们的童年和工作中似乎不起作用的尽力而为目标的例子。通常情况下，在课堂讨论之后，倡导尽力而为的人的规模会大大缩小。

目标设定理论的另一个方面是反馈，它常常被认为是理所当然的，但却没有被充分理解。我们都意识到反馈是很重要的。然而，在一项反馈的元分析中，也就是对个别研究进行统计组合以便增加整体的样本量的分析，结果发现在 38% 的案例中，反馈对绩效产生了负面影响。并非所有的反馈都是好的反馈。如图 4.5 所示，反馈水平和工作绩效之间的关系受到反馈质量的调节。如果反馈质量高，那么反馈水平的提高就与工作绩效的提高有关。相反，如果反馈质量低，那么反馈水平的提高就与工作绩效的降低有关。

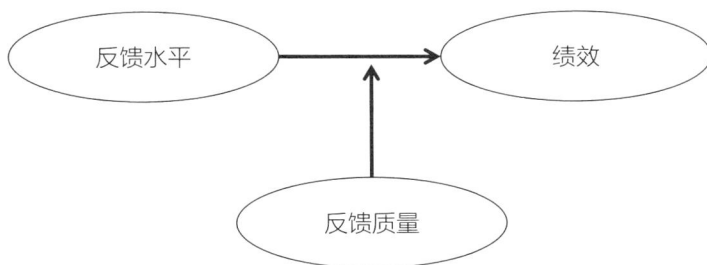

图 4.5　反馈质量会调节反馈水平和绩效的关系

以下是高质量反馈的五个原则：

1. 关注具体的行为（而不是人）。

2. 关注重点表现者（而不是与其他人进行比较）。

3. 对所期望的行为要明确。

4. 反馈是具体、相关目标的基础 。

5. 提供的数据不应该过量。

目标设定理论与其他有趣的理论是一致的，因为这些理论是简单的，但不是简化的。目标设定包括几个概念之间的理论关系（上面讨论了其中的两个），这些关系似乎是显而易见的，但它们往往不被理解，或不被充分重视。个人和组织可以采用的其他理论也是如此。

谈判理论

整合式谈判作为一种理论涉及选择。总共有五种基本的谈判方式，包括整合式谈判，一个特定的谈判者可以从中选择。这些谈判类型中的每一个都有其概念。理论帮助我们理解哪些谈判概念与期望的结果关系最密切。这五个谈判变量通常被描绘成一个 2×2 的矩阵，其中一个维度是对自我的关注，另一个维度是对他人的关注（图 4.6）。

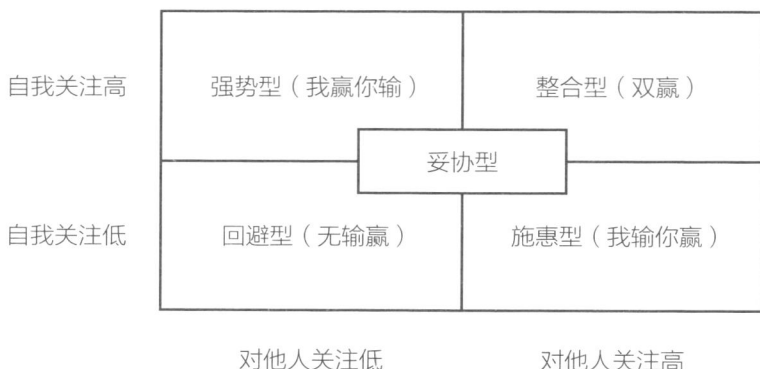

图 4.6 对自我的关注和对他人的关注决定了谈判的五个类型

考虑一下销售背景下的五种谈判风格。如果销售代表只关心自己，那

么他可能会有一种强势型的风格，一种我赢你输的方法。这可能涉及强迫客户做出让步，而不去寻找使另一方受益的方法。回避型谈判可能是指销售代表向客户销售一种产品系列，但他没有向客户销售其他需要的产品系列，也许是由于懒得了解这些其他产品，或出于习惯（他总是销售这种相同的产品）。这说明他对自我和他人的关注度很低。施惠型风格与强势型风格相反，销售代表非常关注客户的需求，而不是他自己的需求，他可能会亏本销售产品，只是为了帮助客户。整合型风格的特点是高度关注自我和他人。鉴于这种方法，销售代表可能会寻找一个公平的价格，一个对买方和卖方都有利的价格，这样他们都会赢。最后，妥协风格涉及对自我和他人的适度关注。使用这种方法，每一方都可能得到他们想要的东西，但讨论是有限的，没有探讨所有的选择。这不是一个完美的交易，但它对双方都有一些好处。

在一项元分析中，研究发现整合式谈判对双方的综合效益最高。作为一个因果关系的理论，整合式谈判→共同利益。最重要的和持续的关系是整合式谈判的参与者，在这种关系中，双方都有利益，整合式谈判可以使关系中的利益最大化。销售代表与客户的关系，雇员与主管的关系，或求职者与组织的关系，都是重要而持续的关系，在这种关系中，整合式谈判为双方的利益服务。例如，一个求职者不希望获得最大的利益（使用强势型的风格），因为他必须与他的主管和组织中的其他人持续合作。如果这个求职者作为一个员工继续使用强势型风格，那么他的上司很可能也会使用强势型风格，或者是回避型风格，而把精力放在其他更具有整合性的员工身上。

高答商实践的含义

1. **理解**。人类有一种与生俱来的欲望，想要了解他们周围的世界。

理论能满足我们的好奇心，减少焦虑。好的理论会与现有的证据相符。我们会寻求能使我们所经历的故事有意义的理论。例如，当我分享我儿子的目标设定故事时，它的优点得到了评估，并与我的学生的其他个人和组织的故事相比较。此外，目标设定得到了学术研究的支持，这些研究发现具体和困难的目标优于尽力而为的目标。最后，理论会与公司内部的数据比较，进行商业分析。我与加拿大一家大型银行的学习和发展总监就员工参与度问题进行了交谈。它在企业中非常流行，也许是因为关于参与度的故事似乎支持了这个理论。然而，在这家银行的商业分析中，他们没有发现任何统计学上的支持，证明员工参与度在预测员工绩效、员工满意度或任何其他重要结果中的作用。因此，理论要与定性证据（例如故事）和定量证据（学术研究和商业分析）进行比较。最好的理论是对所有形式的证据进行理解和分析。

此外，当理论是简明和详尽的时候，它是可以被理解的。我曾经与一位顾问讨论过答商，他说"这并不会太复杂"，他可以在他的客户中使用它。简而言之，他是在说答商理论是简明的——有六种类型的答案，而不是更多。如果答商列出太多的答案（比如10种、20种或30种类型的答案），理论就会太复杂，而且太难使用。它将不再是简明的。如果理论考虑到了所有可以想象的例子，它就是详尽的。在我与客户的研讨会上，他们在对话中使用的所有具体答案都可以用六种答案类型进行分类，这证明了答商是详尽的。

2. **指导**。理论可以指导其他答案类型。尽管概念是程序和行动的目标。只有当概念被放到一个完整的理论模型中时，人们才能确定哪些概念是最重要的。例如，在谈判的背景下，如果目标是使共同利益最大化，那么整合式谈判是最重要的谈判类型，而不是其他类型的谈判（例如强势型、回避型、施惠型和妥协型）。理论可以作为两个或多个参与者（例如团队、部门或组织）的协调机制。例如，目标设定理论可以被用来为整个部门设计一个目标设定计划。此外，个体在错误的理论下运作会对他们周围的世界产生负面的影响。例如，在一项对959名人力资源经理的研究中，他们被问到这个真或假的问题：

平均而言，自觉性（一个性格变量）比智力（一个认知变量）更能预测工作表现。

答案为真。如果工作选择更多的是以个性而不是认知智力为指导，那么就会导致在选择过程中过度强调个性测试而不是认知能力测试，从而危及未来的工作表现。

自我评估

操作说明：在表4.4的空白处填写你感兴趣的话题（销售、面试、谈判、领导力等），并评估你的答商理论。

过程

如果你无法描述自己所做事情的（过程），你就不知道自己在做什么。

——爱德华兹·戴明

过程通过提供一个客观的答案来回答"怎么做"的问题（图4.7）。

过程代表了实现一个目标的一系列步骤（在答商术语中是一个目标概念）。

过程是指实现目标概念的过程。目标概念是最终目标，或者说是过程中的终端步骤。换句话说，如果目标概念是创造力，那么这代表了一个目标，例如产生创造性的想法，那么它将通过过程来实现。过程是一系列线

表4.4 自我评估（理论）

	（1）较差	（2）待提升	（3）较好	（4）良好	（5）优秀
重点	你很少思考____理论	你有时会思考和讨论____理论	你经常思考和讨论____理论	你能自己对____理论进行深刻反思，并与他人一起进行反思	你已经吸收____理论，并能自发地将其传达给他人。你在多个不同场合下使用了____理论
因果逻辑	尚未问及关于____原因和结果的重要问题	____、结果和原因之间没有明确的假设预测	对____、结果和原因因之间的具体假设进行了预测	积极探索对于预测____及其结果的替代假说	____理论考虑了时间和地点的影响
依据	该理论无实例或统计数据作为依据	该理论有实例支撑	该理论基于在您的组织中收集的数据（在可能的情况下）。该理论基于第三方来源数据	对多种形式的证据进行深思熟虑，以便完善____理论，并确定了重点	最好的可用证据与批判性思维想结合，完善了____理论。统计学证据确定了与____理论相关的边界条件、调节变量和背景

图 4.7　过程是对"怎么做"问题的客观回答

性的步骤，其中包括反馈回路，最终达到目标。一个与过程相关的流程不同于与理论相关的因果关系。例如，如果你在办公室工作，那么你可能会在每周一去参加上午 9 点的计划会议。你遵循的是如下过程：

1. 你坐在自己的办公室里。

2. 你走到大厅中。

3. 你打开会议室的门。

4. 你走到一个空位上。你已经为会议做好了准备。

有一系列步骤，但步骤之间没有因果关系。换句话说，坐在办公室（步骤 1）是否会以某种方式使你起身走到大厅里（步骤 2）？答案是否定的。而且，第 2 步不会导致第 3 步，第 3 步也不会引发第 4 步。

相比之下，因果关系模型涉及一个承接性的属性，即先前的状态会影响下一个状态。因果关系存在于一个从 0（无因果影响）到 100%（绝对因果影响）的连续体中。许多物理科学在概率性因果关系下运作（有些百分比低于 100%）。例如，吸烟导致癌症不一定是真的（100% 概率），但它增加了癌症发生的可能性。根据美国疾病控制与预防中心的数据，吸烟者患肺癌或死于肺癌的可能性是不吸烟者的 15 ～ 30 倍。

答商关注的人类行为的心理学和社会学理论是概率性的因果模型。例如，性格是一种用于工作选择的理论。通过对多项研究和数千名参与者的研究，我们观察到五大性格维度与工作表现之间存在着以下相关性：外向性（0.10），情绪稳定性（0.07），合群性（0.06），自觉性（0.23），经验开放性（–0.03）。基于这些结果以及其他研究的结果，自觉性通常被认为是对工作表现最重要的人格属性。因此，关注自觉性的工作选择测试是很常见的。

以下部分列出了与变革、谈判和其他流程（社会化、营业额和团队）有关的说明性过程。总的来说，选择这些过程是为了展示不同概念的多样性。此外，重点是变革和谈判过程——在这两种情况下，每个目标概念都选择了多个过程，因此我们可以讨论过程选择之间的差异。

变革的过程

所有的程序都与它们的关于实施的概念定义相一致。因此，行动研究是基于与解决问题相关的变革观点。第一步是"识别变革的需要以及亟待解决的问题"。相比之下，欣赏式探询的 4D 模型是基于优势模型，其目标是在步骤 1 中关注组织做得好的地方："发现。通过收集信息和故事，确定'什么是'有效的（即优势）"。最后，力场分析是一个通用的变革过程模型，可以与基于问题或基于力量的变革模型相联系（表 4.5）。

表 4.5　变革的过程

过程名称	步骤	注释
行动调研	1. **识别变革的需要**。什么是亟待解决的问题？ 2. **引入干预措施**。干预是所期望的变化，例如改善团队合作、管理冲突、提高创造力。 3. **评估并稳定变革**	行动调研是由库尔特·勒温（Kurt Lewin）开发的。其重点是识别问题和应用干预措施
欣赏式探询的 4D 模型	1. **发现（Discovery）**。通过收集信息和故事，确定"什么是"有效的（即优势）。 2. **设想（Dreaming）**。展望"可能是什么样"。 3. **设计（Designing）**。讨论"应该是什么样"。 4. **交付（Delivering）**。实现"将是什么样"的命运	欣赏式探询来自积极组织行为学派。行为学派，也就是说，改变可以建立在优势和潜力之上，而不是靠解决问题
力场分析	1. **解冻**。在这个步骤中，要让参与者意识到自己有必要进行改变。 2. **改变**。朝着期望的变化前进。这很困难。培训、指导和错误是可以预期的。 3. **冻结**。一旦发生变革，目标就是创造稳定和新的规范，使变化成为新的常态	20 世纪 40 年代，社会心理学家库尔特·勒温发明了力场分析法，以便帮助变革者识别并在组织中进行变革。 在这些步骤中，有驱动力（促进变革）和抑制力（反对变革），它们被用来调整变革

谈判过程

关于整合式谈判的概念、理论、隐喻和故事都是有作用的。然而，这些答案并没有解决学生在课堂上总会问到的问题："怎么进行整合式谈判？"整合式谈判的每个方面——问题的识别、寻找替代方案和结果的选择都可以与过程联系起来。请参考表 4.6，以及执行整合式谈判中寻找替代方案的过程。寻找替代方案本质上是一个创造性的过程，在谈判过程中，双方经常会有满足对方需求的想法出现。因此，在寻找替代方案的过程中，要使用与创造性相关的过程。

表 4.6　寻找替代方案的过程

过程名称	步骤	注释
创意过程模型	1. **准备**。所有各方都同意这个问题。 2. **孵化**。反思性思考、非直接性思考（水平低，但有规律的意识）、发散性思考。 3. **启发**。思想产生时的火花。 4. **验证**。对想法进行逻辑审查和测试，通常随后进行阐述（进一步的创造性思考）	创造力是一个人的天才的结果，还是可以放在一个被管理的过程中？这个问题让专家们困惑了几个世纪。创意过程模型认为，创意的各个方面涉及任何人都可以完成的步骤（步骤 1、2、4）。同时尊重天才的创造性火花（步骤 3）
头脑风暴	1. 问题被引入（作为一个小组）。* 2. 想法产生（作为一个小组）。 3. 将所有想法记录在一个列表中（作为一个小组）。 4. 对想法进行排序（作为一个小组）。 5. 达成共识讨论和下一步行动（作为一个小组）	头脑风暴是一个产生想法的标准过程。这完全是一个团体过程
名义群体法	1. 问题被引入（作为一个小组）。* 2. 想法的产生（作为个人）。 3. 将所有想法记录在一个列表中。 4. 对想法进行排序（作为个人）。 5. 达成共识讨论和下一步行动（作为一个小组）	名义群体法就像头脑风暴，除了步骤 2 和 4 是单独完成的。这项活动被称为"名义群体法"，是因为在这两个步骤中，个人只是在名义上属于一个小组

* 在问题识别过程中（综合谈判的一个方面），每一方的需求都需要被确认。这个过程的结果被认为是寻找替代方案的第一步。

如果谈判的目标是确定创造性的替代方案，那么表4.6中列出的过程（特别是头脑风暴和名义群体法）是最合适的。例如，在复杂的销售谈判中，买方委员会是很常见的，这通常反映在由销售专家、产品专家和高层管理人员组成的销售团队上。创意过程模型会对有关创意的基本假设进行验证。创造力是天才的结果吗？从一个极端来看，如果创造力是天才的火花，那么这并不表明一个程序对提高创造力有很大帮助。创造性过程模型的解决方案承认天才的作用，但它难以被程序化，不过，创造性过程的其他方面适合于任何人都可以遵循的程序。步骤3尊重天才的创造性火花，在此期间，新的想法意外地出现。例如，销售团队的一个成员可能在下班开车回家时为客户确定一个潜在的销售解决方案。步骤1、2和4适合程序化。步骤1和2可以用来为步骤3中的启发创造合适的条件。然后，步骤4可以对产生的想法进行压力测试。

另外，头脑风暴是一种常用的程序，用于产生一般的想法，特别是在寻找替代方案时。大多数MBA学生都熟悉头脑风暴法，并在他们的职业生涯中使用过它。头脑风暴法是在1953年由广告公司创始人亚历克斯·奥斯本（Alex Osborn）提出的。相比之下，大多数（如果不是全部）学生并不熟悉名义群体法。名义群体法与头脑风暴法相似。在头脑风暴法中，每个步骤都是以小组形式进行的。在名义群体法中，某些步骤是单独进行的。例如，在头脑风暴中，想法的产生是以小组的形式进行的，而在名义群体法中则是单独进行的。1958年，一份学术期刊发表的结果显示，使用头脑风暴法的四人小组产生的想法是四个人单独工作的一半。这些结果在随后的几十年里被许多研究复制和扩展，比如个人单独工作被发现产生更多和更高质量的想法。因为在这些研究中，个人是单独行动的，他们的想法被组合成一个名义上的小组，用于与真正的合作性头脑风暴小组进行比较。因此，名义群体法是一个保留了个人完成度的重要步骤的过程，而其他步骤可以作为一个小组完成。

首先，名义群体法成员体验到生产阻塞的减少，这与在小组环境中同时倾听和发展想法有关。其次，当想法在产生时不公开分享，创造一个不那么可怕的环境时，评估的忧虑就会减少。总之，不是所有的过程都是平等的，就名义群体法而言，它被发现优于头脑风暴。这里对头脑风暴和名义群体法进行了比较，以便说明一个重要的基本观点；一些程序比其他程序更有效。像其他答案类型的程序在质量上会有差异。

表 4.7 是其他过程的示例。

高答商实践的含义

1. 过程组织行动。有三个石匠。三个人都被问到同一个问题："你在做什么？"第一个石匠理直气壮地说："我在打碎石头。"第二个石匠有些热情地回答："我在安装一扇窗户。"第三个石匠相当自豪地说："我在建造一座大教堂。"三个石匠的故事，是研究过程的一个跳板。过程是组织成一个整体的集体行动（例如建造大教堂），以及个人在这个过程中的能见度（他们执行哪些行动）。过程在个人层面上为行动提供了秩序，这与石匠的故事一致。

从工作流程角度来看，过程通过对步骤和相关行动的排序来组织输入到输出的过程。有许多管理过程的复杂方法，这些方法是由开发出精益、六西格玛、持续改善等术语的质量专家开发的。这本书是为普通读者准备的，我认为指出丰田的"一张纸"方法最有指导意义。丰田的所有商业案例都需要放在一张纸的前面——这包括预算和项目的理由。特别重要的是，要尽可能地使用图形来记录工作流程。

借鉴丰田公司的"一张纸"方法，那些想实现高答商的人最好考虑记录（在一张纸上）并理解完成工作的程序。当工作流程被记录下来时，它可以被记录为一张流程图，其中包括流程（方向）、决策节点、行动和终点

表 4.7　其他过程的示例

目标概念	过程名称	步骤	注释
社会化	组织社会化阶段	1. 就业前的社会化。在招聘过程中，对工作和组织的期望进行管理。 2. 入职培训。这一步包括入职培训，但也包括一个一般的过程，通过这个过程会在几天、几周甚至几个月内澄清对工作的期望。 3. 角色管理。在这个步骤中，员工过渡到内部人员，他们积极管理自己与他人的关系，制定新的界限和期望	与招聘相关的社会化是一个过程，通过这个过程，一个外来者（招聘前）成为一个与组织完全融合的内部（招聘后）。根据工作制作理论，角色是可塑的，可以在角色管理期间进行调整
流动率	LVNE	1. 忠诚（Loyalty）。当员工加入一个组织时，他们是忠诚的。如果出了问题，他们会做出有利于组织的归因。 2. 发声（Voice）。如果问题的强度达到一个阈值，员工就会以建议的方式回应，以便解决问题。 3. 忽视（Neglect）。在这个步骤中，员工减少工作努力，工作质量下降，旷工和迟到增加。 4. 退出（Exit）。员工离开主管，工作单位或组织	LVNE是一个可以由组织管理的退出过程，以便避免员工离职（退出）。这个过程模型的一个有趣的方面是，第2和第3步的目标是让个人回到之前的步骤。这说明并非所有的过程模型都是线性的

目标概念	过程名称	步骤	注释
团队发展	塔克曼团队发展阶段	1. **组建期。**发现期望、机会、挑战。服从现有的权威。 2. **激荡期。**冲突、竞争、影响他人。 3. **规范期。**建立角色、目标、方法和凝聚力。 4. **执行期。**对任务的承诺，高效、合作、快速解决冲突	布鲁斯·塔克曼（Bruce Tuckman）在1965年首次提出了团队发展的过程，在这个过程中，一群人被转变为一个有效的团队。一个有趣的方面是，绩效不会以线性方式增加。绩效往往在规范期陡然增加，在激荡期大幅下降，然后在规范期达到一个高性能的高点（图4.8）
销售	销售漏斗	1. 意向 2. 引导 3. 机会 4. 销售	销售过程是一个漏斗，第1步在顶部，第4步在底部。第1步由广泛的潜在客户组成，第4步是最终购买的较小子集。似乎每个销售漏斗和每个组织都可以采用这个漏斗的不同变种，或更多的步骤，或更少的步骤，或不同类型的步骤。这表明对于每一个重要的过程，包括销售等，都可以有许多变化来试图满足你的需求

（图 4.8）。

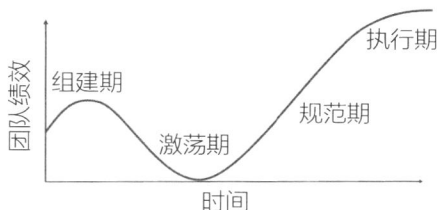

图 4.8　随时间变化的团队绩效

2.**质量**。过程是质量流程的一部分。质量是一个广泛的工作流程框架，对过程（作为答商的答案类型）如何完成和长期优化有许多影响。以下是对关于质量的研究的有选择的回顾，目的是说明问题。

在基本层面上，质量管理方法与沃特·休哈特（Walter Shewhart）在 1939 年制定的计划 – 执行 – 检查 – 行动循环相一致。这种方法建议制定一个程序（计划），然后实施该程序（做），接着观察结果（计划是否有效），并对计划的后续实施进行修改（行动），循环往复。

与计划 – 执行 – 检查 – 行动的循环一致，质量管理的主要重点是减少变异和持续改进。质量管理的主要目标是使过程标准化，但在必要时也要设法改变过程。在丰田，他们实施了"例外控制"，在必要时打破或改变常规。生产线上的人被鼓励在有问题的时候叫停生产线，这样就能以正确的方式进行修复。以这种方式减少缺陷（例如零缺陷、六西格玛）是质量管理方法的核心目标。质量管理的另一个重要方面是"少就是多"，也许比完成过程中的步骤更重要的是知道哪些步骤应该被取消。另一个产生了重大影响的质量管理方法是敏捷管理。在敏捷管理下，过程的开发和迭代是为了持续的改进。过程的速度、反馈和适应性被强调。

3.**过程是概念的实施**。所有过程都有要求。在这些要求中，首先是过程的主要目的；过程是为了什么目的而实施的？例如，如果领导力是一个概念，那么一个过程就是实施领导力的步骤。在重温三个石匠的故事时，当第三个石匠说"我在建造一座大教堂"时，可以进一步扩展为："我建造一座大教堂是为了更接近上帝。"因此，"接近上帝"是一个广泛的概念，指导石匠的行动过程。它意味着过程的高质量和深思熟虑。

自我评估

操作说明：在表4.8的空白处填上你感兴趣的话题（销售、面试、谈判、领导力等），并评估你对答商过程的理解。

行动

行动即优先。

——圣雄甘地

行动通过提供一个主观的答案来回答"怎么做"的问题（图4.9）。

行动被看作故意的和有意义的行为，可以被执行、观察或谈论。例如，一个高尔夫学生可以在练习场上击球（执行），或者一个学生可以观看他们的挥杆视频（观察），或者在挥杆后讨论挥杆（谈论）。

区分高质量行动的要素有六个。❶

1.**最佳做法**。在橄榄球比赛中，四分卫用他的手放在缝线上投球。这样，当球被抛出时，会有一个更好的弧度。以这种方式投掷橄榄球是一种

---

❶ 行动可以采取人类或非人类的形式。例如，人可以敲打钉子，机器也可以敲打钉子；两者都是行动。由人类行为者执行的行动是答商中的一个特别重点。因此，有联系的和有意义的是人类行为者所特有的。——作者注

表4.8 答商过程

	（1）较差	（2）待提升	（3）较好	（4）良好	（5）优秀
重点	你不遵循任何正式的或非正式的___过程	你会遵循一些非正式的___过程	你对___过程有良好的非正式理解，并且有正式的文档记录	重要的过程都有明确的记录步骤供你遵循。你对其他流程有很好的非正式了解	你所使用的正式和非正式___过程考虑了不同情况的影响
最终目标	最终目标尚不明确	最终目标变化不定	最终目标已经明确	最终目标是具体的、可衡量的、可实现的、相关的和有时限的	最终目标是一个内化的标准
过程	过程的步骤尚不明确	过程的步骤变化不定	过程的步骤已经明确	已经取消不增加价值的步骤	过程持续改进。记录良好的步骤已经内化
协作	中断、延迟和瓶颈期在整个过程中很常见	中断、延迟和瓶颈期发生在可以改进的具体步骤中	根据需要与他人进行协调	与他人协调很容易	中断、延迟和瓶颈期的出现降至最低

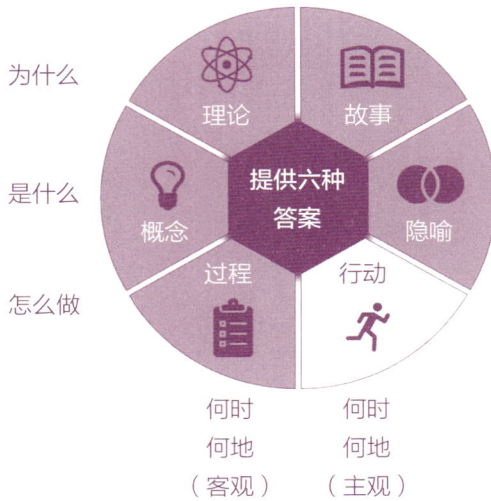

图 4.9 行动是对"怎么做"的问题的主观回答

最佳做法。人们通常会用一种既定的、高质量的方式来执行一项行动。只有当有一种独特的（更好的）方式出现时，人们才会偏离这种行动（见下一点）。因此，带着议程开始会议可以被视为一种最佳实践。

2. 独特性。在竞争激烈的市场上，如果两个组织（或两个雇员）执行相同的行动，就会产生竞争性的模仿。为了将自己与他人区分开来，行动必须是独特的。例如，在面试过程中，一个独特的答案有可能以一种积极的方式脱颖而出。

3. 可确定性。概念和行动之间的联系被称为可确定性。行动就像过程，是为了实施概念而进行的。例如，如果一个领导者想要关注问责制（概念），那么这个领导者就需要确定具体的行动，让他的直接下属负起责任。一个具体的行动可以是每周五给他发一封报告邮件，检查项目的状况。

4. 集中。在艺术中，戏剧超越了现实生活，它更加集中。如果行动是集中的，即把行动做得恰到好处，那么行动的效果就会更好。例如，给客户的电子邮件回复（一个行动）既可以是冗长的，有错别字的，也可以是最佳的措辞，没有语法错误的。

5. 相互关联。 如果行为与个人的经验相联系，那么行为就是可持续的。这与"深度表演"有关，演员在个人层面上与角色相联系。例如，一位高管可能会花 10 分钟时间和一位员工坐在一起，给他提供建议。如果提供的这个建议（一个行动）与高管在个人生活中的经历有关（也许过去得到的建议是有价值的，从而加强了随后向他人提供建议的价值），那么这个建议就更具有可持续性（有可能一开始就发生或可能重复）。

6. 有意义。 这是一个主观的标准。个人而言，如果一个行动是有效的，那么人们会有一种感觉。例如，一个销售代表可能会在演讲中分享一个案例研究的幻灯片（一个行动），销售代表可以阅读房间里其他人的肢体语言，并"感觉"这个幻灯片没有效果。当行动以一种有意义的方式串联起来时，这被称为"心流体验"，时间很快就过去了，情绪被激活，行动充满了乐趣。

谈判行动（来自我的课堂）

表 4.9 是整合式谈判中每一方可采取的行动。

表 4.9　整合式谈判中的行动

整合式谈判维度	行动	说明
问题识别	专注于利益 找出共同问题	"立场"和"利益"是有区别的。立场是陈述出来的问题，利益才是真正的问题、价值和动机。从立场到利益的转变被称为垂直转变。 找出共同问题不是找出每一方单独的问题，而是以一种双方都能理解和掌握的方式来框定问题

续表

整合式谈判维度	行动	说明
寻找替代方案	建立纽带 利益吻合	每一方都会提出新的选择，以满足每一方的需求。这些选项代表第三种选择。 着重于确定一方真正重视，而另一方漠不关心的潜在解决方案
结果选择	50/50 的价值分割 互投赞成票	无论决策规则如何，最公平和可持续的价值交换是平衡的交换。 每一方都通过索取对方最重视的东西来进行交易，以便实现己方的价值最大化

确定行动

确定行动对许多人来说是最难的。接下来将讨论制定行动的两个有用的过程。

Kano 分析

Kano 分析法是由狩野纪昭（Noriaki Kano）教授在 20 世纪 80 年代开发的，用于将顾客的偏好分为与产品或服务功能设计有关的类别。首先，第一代苹果手机有基本的功能，与当时的手机旗鼓相当。其次，线性功能是新兴功能，越多越好。最后，惊喜功能是那些在市场上与众不同的功能。苹果手机是市场上第一个拥有触摸屏和特色应用程序的产品（图 4.10）。

在答商术语中，这些特征是行动。基本功能和线性功能元素就像采用最佳做法的行动，而惊喜元素就像独特的行动。来看看下述 Kano 分析，以便确定与指导有关的行动。辅导者的基本期望是让他或她自己与被辅导者定期会面。其线性功能的期望是，被辅导者向其网络中的个人提供

产品特点
（最重要的）

线性功能
（越多越好）

惊喜功能
（卖点）

基本功能

3G
蓝牙
300 万像素相机
内存大于 16GB
全球定位系统

触摸屏
应用程序

打电话
短信

图 4.10　第一代苹果手机的 Kano 分析

介绍。介绍人越多越好。最后，辅导者要超越自我，提供令人惊叹的因素。例如，在成功的辅导关系中，被辅导者可以向辅导者学习，显示出辅导者对被辅导者的更深层次的尊重。或者，辅导者可以在一个项目上为被辅导者提供赞助，这会使辅导者的良好声誉和政治资本面临风险。最后，辅导者可以以身作则，这可能包括邀请被辅导者参加辅导者的会议，这样被辅导者就可以通过观察向辅导者学习（图 4.11）。这个对辅导行动进行 Kano 分析的例子并不是要做定论，而是要说明一种潜在的行动分类。此外，这种练习可以针对任何概念和过程完成，以便帮助你制定更好的行动。

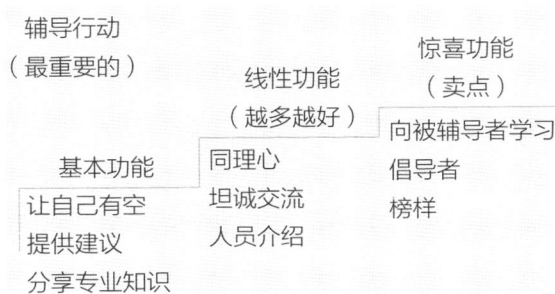

辅导行动
（最重要的）

线性功能
（越多越好）

惊喜功能
（卖点）

基本功能
让自己有空
提供建议
分享专业知识

同理心
坦诚交流
人员介绍

向被辅导者学习
倡导者
榜样

图 4.11　辅导行动的 Kano 分析

如何比较行动与概念？如果你看一下指导 Kano 分析中确定的行动清单，你可能会想，所列出的所谓行动，看起来真的像概念。让我先来谈谈这个问题，先说一段简短的题外话。有两种类型的椅子，作为概念的椅子和作为物体的椅子。作为一个概念，椅子可以被定义。例如，一把椅子需要三条腿或更多的腿和一个供人坐的表面。如果这个定义是正确的，我们就可以对我们在家具店看到的真正的椅子（现实世界中的椅子）进行分类，并将它们与床、桌子或柜子区分开来。此外，你现在可能正坐在一把椅子上（作为一个物体），而不是概念。类似地，辅导概念可以与辅导行动区分开来。然而，在写作和对话中，词语本身就是精神抽象（概念），这就是 Kano 分析的行动清单可能看起来像概念清单的一个原因。**一般来说，如果一个人知道如何实施该行动，该行动就不需要进一步说明。**例如，如果"让自己有空"对潜在的辅导者来说是清楚的，那么这个列出的辅导行动就不需要进一步具体化。相反，如果潜在的辅导者问："我怎样才能让自己有空？"请考虑使用接下来讨论的五个"怎么做"，作为使任何行动更加具体化的方法，以便该行动能够在现实世界中应用。

五个"怎么做"

五个"为什么"是日本发明的一种方法，用于确定问题的根本原因。使用这种方法可以找出一个所谓的问题，然后问五次为什么，或者在实践中，只要有必要，就可以找到问题的根本原因。类似地，五个"怎么做"是一项练习，可以用来确定一个人知道如何实施的具体行动。来看看之前的关于辅导行动的 Kano 分析中提出的"让自己有空"的五个"怎么做"的实践说明。

1. 让自己有空。怎么做？（第一个怎么做）

2. 将辅导作为优先事项。怎么做？（第二个怎么做）

3. 将辅导安排在你的日程表上。要多少时间？（第三个怎么做）

4. 每周安排 30 分钟？你怎样和被辅导者见面？（第四个怎么做）

5. 通过电话或面谈方式辅导。（第五个怎么做，行动是具体的）

高答商实践的含义

1. **动作不是工作。**"丰田生产系统之父"大野耐一对"动作"和"工作"进行了区分。包含人类智慧的动作是工作，而像动物一样的举动（例如一只在笼子里游荡的熊）只是单纯的动作。翻动办公桌上的文件可能是不需要动脑的动作，而不是工作。在答商术语中，一个动作要成为工作，它必须是可确定的，即有目的地实现一个概念。因此，整理文件可以被理解为整理文件以便提高效率（一个概念）。

2. **过程和行动的连续性。**一个销售组织可能只是指示其销售代表进行"销售"，强调的是一揽子的行动，而不是作为过程。所有的销售代表也都可以接受正式的销售方法培训，组织还可以实施一个客户关系管理软件系统，在这个系统中，过程中的每一个步骤都被列出，所采取的行动也可以被记录下来。组织可以采取一切努力来制定正式的过程。因此，组织有一个存在于连续体上的选择——一个极端是彻底的过程化，任何给定的行动都被分解成较小的行动，由复杂的过程指导。另一个极端强调的是一个整体行动，没有正式的识别和排序。这个连续体分别代表了对客观或主观答案的偏爱。

3. **行动在变化。**行动总是处于更新和变化的状态。有些运动速度较慢，比如地壳板块，但它们确实会移动和变化。其他行为也会像天气一样有规律地变化，而且变化很快。例如，当第一代苹果手机发布时，触摸屏是一个独特的功能。今天，触摸屏已经是一个基本功能，时代已经发生了变化。在叙事术语中，故事和话语之间是有区别的。故事强调主题，这在极端情况下是普遍的，而话语代表电影 / 戏剧中的对话和其他变化的细节。例如，电影《追梦赤子心》（ *Rudy* ）、《奔腾年代》（ *Seabiscuit* ）和《风月俏佳人》（ *Pretty Woman* ）都以弱者为主题。从这个意义上说，这些电影都定位于相同的普遍主题。相比之下，每一部电影都有不同的话语——足球、赌马、卖淫。对于行动也可以提出类似的观点。在极端情况下，理论是可推广的，但用于执行理论的行动将会有所不同。与理论和故事相关联的是，在答商术语中，行动对于环境（何时 / 何地）的差异更加敏感。

自我评估

操作说明：在表 4.10 的空白处填写你感兴趣的话题（销售、面试、谈判、领导力等），并评估你的答商行动。

故事

讲故事是将想法传达给世界的最有效的方式。

——罗伯特·麦基

在回答"为什么"的问题时，故事提供了主观型答案（图 4.12）。

故事由各种角色组成，通过角色在场景中的互动来揭示主题。

阅读以下在领导力培训中讲过的故事。阅读完毕后，我们将讨论故事的要素。

溪流的寓言

故事始于公元前 4 世纪，秦军大将军府。

信使："大将军，秦军人数是我们敌人的四倍。李将军向您保证，秦

表 4.10 关于行动的自我评估

	（1）较差	（2）待提升	（3）较好	（4）良好	（5）优秀
重点	你不关注旨在改善____的行动	你希望采取____行动，但常常不确定该怎么做	有几个____行动是你经常采取的	你能够执行大量____行动	你能够根据情况执行预先计划的和自发的____行动
刻意性	最终目标尚不明确。你很少刻意采取____行动	你的____行动经常偏离预期目的	你经常刻意采取____行动	你很容易确定需要采取哪些____行动	你的____行动在努力程度、精力和目的方面得到了优化
恰当性	你在所有情况下都采取相同的行动，即使需求不同也是如此	你尚未确定并列出在各种情况下都可通用的行动。你会以不同的方式做事，理由却不充分	你会重复采取以往有效的行动。你经常改变行动，以便应对手头的情况	根据需要定制独特的行动	你发明的新行动比现有的更好
意义	时间慢慢流逝，你行动得很吃力	你所采取的____行动与你个人无关	你可以根据需要轻松采取____动作	你所采取的____行动与你个人有关	当你采取____行动时，时间很快就过去了，毫不费力

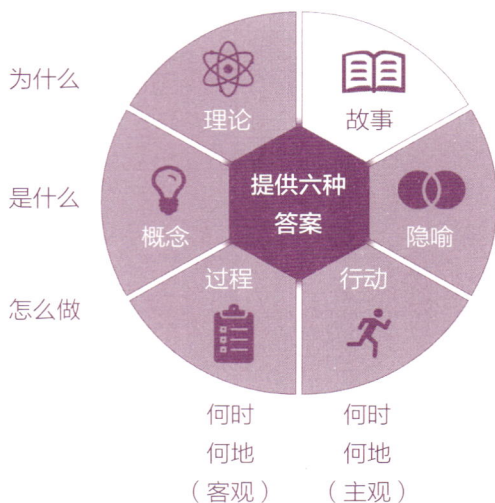

图 4.12　故事是对"为什么"问题的主观回答

军必胜。"

大将军:"又一支秦军部队要倒下了。"

信使:"我不明白。"

大将军把信使带至府后的湖边。他将一张纸片放入湖中,纸片没有移动,只是漂浮在一个地方(图 4.13)。

图 4.13　湖泊

信使："这是什么意思？"

大将军又带信使来到小溪边，把纸片投入水中。纸片迅速漂流而去，不久便消失不见（图4.14）。

图 4.14 溪流

信使："我已经苦思冥想一小时有余，可还是没有从您的做法中得到启发。"

大将军："敌军的苏将军身在前线，其军队后方是河流，他们无处可去，只能拼死一搏。而我们李将军身在后方，他的军队就像不断膨胀的湖泊。潺潺小溪很容易就能载着纸片朝一个方向奔流而去；湖泊虽大，却做不到这一点。所以，规模小却团结的军队能够获胜。"

四天后，秦军败。

故事的要素

以下是溪流的寓言中体现的五个基本故事要素。这五个要素并非详尽无遗，但根据我在研讨会上的经验，这些要素基本足以形成一个能引起他人共鸣的故事。

1. 主题。每个故事的展开都应该有其主题。该故事的主题是齐心协力方能获胜。将军和军队团结一致，方能取得胜利。先不谈其他故事要素，主题本身就是一种理论。而引发主题的事件就像答商框架中的行动（图 4.15）。

敌方首领身在前线，最易受到敌人攻击。这体现了敌军的上下一心。他们背水一战，别无选择，必须拼命杀出重围。相比之下，秦军将军身在后方，避开了敌人的进攻，缺乏身先士卒的魄力。另外，秦军部队分散在各处，停滞不前，无法齐心协力共同前进。

主题代表了一种能够在极端的时间和空间上进行概括的抽象理论。例如，大多数管理者都认同，齐心协力能够取得成功或胜利。这是如今商业培训以该故事作为例子的一个主要原因。但这个故事中的具体行动恐怕并不适用于所有商业情形。事实上，任何现代管理者都不太可能会率军参战，而且在某些情况下，领导者冲锋在前也许还会降低士气。赋权等概念表明，管理者应该在后方领导并赋权他人。在这种情况下，这么做反而有利于上下一心。因此，主题的普适性在于故事的重点，而非故事中的具体行动。

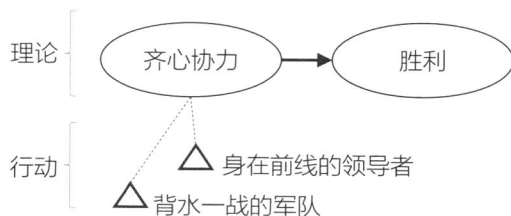

图 4.15　故事的叙事结构

2. **背景**。该故事的背景是公元前 4 世纪的秦军大将军府。背景代表故事发生的时间和地点，也许还会影响与故事相关的主题或行动。例如，具体的行动（比如背水一战的敌方军队）往往是在特定背景下才有的。在背景中添加特定的元素，能够增加故事的真实感和可信度。例如，海明威用英语写作《老人与海》（*The Old Man and the Sea*），但他在小说中加入了西班牙语词汇，从而使小说的古巴背景栩栩如生。

3. **圆形人物**。叙事学家们对圆形人物和扁形人物进行了区分。圆形人物如同真实的人。真实的人是复杂的，有情感，会自相矛盾，除此以外还会展现出人类的品质。相比之下，扁形人物就像是漫画角色，而非立体的人，他们是平面形象，不具备复杂的特质。虽然故事简短，但是在溪流的寓言中，大将军被塑造成一个智者形象，以鲜明的风格为他人展示（而非讲述）了重要的道理。一般来说，圆形人物的生命力会超越故事的局限，人们能够想象大将军在府上与其他人之间发生的故事和对话。为此，小说作者通常会为人物设置丰富的背景故事，即使这些背景在实际讲述的故事中并不突出。此外，在真正动笔写小说前，作者也许还会对笔下角色进行模拟采访，从而使角色形象更丰满。同样，商业中常用的非虚构故事也应该花时间去理解人物，让人物形象多面化。例如，销售人员这个角色应该以成熟的立体形象为特征。

4. **戏剧性**。每个故事都应该包含戏剧性元素，通常会涉及反转。在溪流的寓言中，秦军人数是敌军的四倍。传统观念认为，规模大的军队会获胜。在故事却出现了戏剧性的转折，秦军败了。一般而言，听到这个故事的人估计会说："真有意思。"许多企业常常把实例与故事混为一谈。大体上，人们倾向于通过分享实例（案例研究）来向客户证明自己的辅导或销售是高效的，但这些例子也许会缺乏戏剧性。若实例没有戏剧性，那就不是故事。

5. **开头、中间、结尾**。显然，一个故事要有开头、中间和结尾。开头介绍背景、问题和人物。中间出现深化主题的事件，人物走向戏剧性的危机。结尾处，危机解决，聚焦故事主题。我发现，有时候在故事的这三个部分中，会有一个或多个部分被跳过或未充分展开。这种结构对于构建一个可以遵循并达到预期效果的故事弧线来说，是非常重要的。

谈判的故事

在课堂上，我讲了"两姐妹与橘子"的经典谈判故事。有一对姐妹，她们使用不同的烹饪方法，需要一个橘子。她们只有一个橘子，两个人都不想去杂货店。她们陷入僵局，双方都想要橘子。她们的母亲听到了她们的争吵，说争吵仍然存在，她们应该想办法解决问题。她们又开始说话了。她们中的一个人想出了一个主意，把橘子切成两半儿，每人拿一半儿。她们需要把菜量减半，但至少她们可以做自己的菜。她们对解决方法很满意，她们把橘子切成两半儿，但是都想扔掉橘子片，这时妈妈说："住手。不要把它扔掉，你们可以互相用剩下的东西。"她们迷惑不解地互相看看，发现姐姐需要橘子皮来做她的菜，而妹妹需要果肉来做她的菜。因此，一个人拿走了整个果皮，另一个人拿走了整个橘子，每个人都能做出自己的菜。

这是一个整合式谈判的故事。这个故事表明，整合式谈判包括解决问题、寻找替代方案和结果选择，以便满足每一方的需求。正如故事所展示的，这对姐妹都想要整个橘子，这根本不是整合式的。接下来，将橘子切成两半儿，作为寻找替代方案和结果选择的一部分，这是一个部分整合式的想法。它貌似是整合式的，将橘子分成两半儿，但这不是整合式的，因为橘子的一部分仍然被扔掉了。直到她们理解了彼此的需求（一个需要橘子皮，另一个需要橘子），才发生了整合式问题的解决。在整合式问题识别、寻找替代方案和结果选择的结合下，她们都能做出完整的菜。整合式的谈判导致了对她们都有最大利益的结果。

高答商实践的含义

1. **人类叙事。**试着用下面的话开始演讲："让我给你讲个故事……"你马上会发现听众很容易接受并愿意倾听。叙事学学者认为，除语言本身以外，我们人类的决定性属性是我们给世界讲故事的能力。我不愿意把一个答案说得比其他答案更重要（见第八章，其中讨论了答案的排序）。然而，如果要在同等条件下选一个，我们可以说故事是最重要的。也许最令人信服的是，在治疗过程中，出现了所谓的叙事疗法，它侧重于故事在形成一个人的身份方面的作用。所谓的生活故事是一种个人叙事，很难改变。例如，如果一个人的自我叙述是他们是一个受害者，那么他将发现很难改变这种叙述。然而，叙事疗法的重点是使用叙事方法来帮助患者重写他们自己的故事，以便实现持久的改变。

在答商的背景下，重要的是利用故事与生俱来的力量与他人建立联系，并利用现有的故事来告知和补充其他答案类型。例如，当两姐妹和橘子的故事与综合谈判理论的讨论结合起来时，在课堂上是令人信服的。故事提供了情感上的吸引力，而理论提供了逻辑和精确性。

2. **故事的版本。** 故事本身是可以进行改版的（例如，短版、中版、长版），以便在沟通中取得成效。例如，电梯演讲是一个非常简短的故事，企业家会在电梯里寻觅潜在的投资者。那些拥有高答商的人可以读懂听众，知道一个故事应该是短还是长。故事的版本往往决定了沟通是否有效。重要的故事应该有多个版本，这取决于所需的长度（特别的情境）和可能的其他属性（例如，按行业）。在销售领域，众所周知，如果案例研究来源于与潜在客户相同的行业，就会在客户中产生更多的共鸣。

3. **生产与消费。** 将故事消费的便利性与故事生产的便利性混为一谈是很诱人的。作为故事的消费者，我们可以去看电影，分辨出这是一个好故事还是一个坏故事。有趣的是，著名的编剧教练罗伯特·麦基（Robert Mckee）指出，作为一个电影观众，我们很快就能认识到许多大制作的电影缺乏一个令人信服的故事，而只是大量特效的堆砌。我们很容易得出结论，这些电影代表了一种成功的制作模式，不强调故事的价值。恰恰相反，罗伯特·麦基指出这些是当时最好的故事。事实是，故事的制作是困难的。正如专业编剧的真实情况对于答商的日常使用者来说是真实的，故事是困难的，许多故事是无效的。

因此，应该注意故事的构建要符合本节所概述的故事要素——主题、背景、圆形人物、戏剧和部分（开始、中间、结束）。

自我评估

操作说明：在表 4.11 的空白处填写你感兴趣的话题（销售、面试、谈判、领导力等），并评估你的答商故事。

隐喻

透过隐喻，可以小中见大。

——奥森·斯科特·卡德

在回答"是什么"的问题时，隐喻提供了主观型答案（图 4.16）。

隐喻是对两个生活领域（主要、次要）的不同行动的比较，以便揭示对一个概念的共同理解，从而有利于理解作为对话焦点的主要生活领域。这个定义将隐喻与对话中发生的行动和概念答案联系在一起。

解构隐喻

不幸的是，前面的定义是密集的（技术性的），但对于准确识别隐喻在答商术语中的作用是必要的。为了解读答商术语中的隐喻，请考虑下面这个销售隐喻。

这次演讲真是**一杆进洞**。［高尔夫球］ 完美

表4.11 关于故事的自我评估

	（1）较差	（2）待提升	（3）较好	（4）良好	（5）优秀
重点	你不会对他人讲述____的故事	你的____只是示例，并非涉及真实的人物、明确的主题和特定背景的完整故事	你至少知道一个好的____故事	你有好几个很好的____故事	面对各种场合，你都能讲述一个____的故事
人物	人物是一维的，缺乏任何复杂性，而且不令人难忘	人物是现实的，但在重要方面往往发展不足	人物像生活一样复杂，而且可亲	人物经历了令人惊讶的发展	人物创造了一种情感和智力的反应
主题	情节似乎没有一个明确的点，也不令人难忘	隐含或陈述了一个主题，但没有说服力	意义是从不相干的事件中创造出来的	从不相干的事件中走出来。情节是一个克服挑战以便创造变化或转变的旅程	一个普遍的主题被揭示出来，传达了一个重要的教训
背景	背景是模糊的，笼统的，并不令人难忘	提供了一个具体的时间和地点，但重要的事实、假设或背景的其他方面没有得到充分的发展	背景是现实的	这个背景很有亲和力	背景提供了与故事发展相关的重要细节

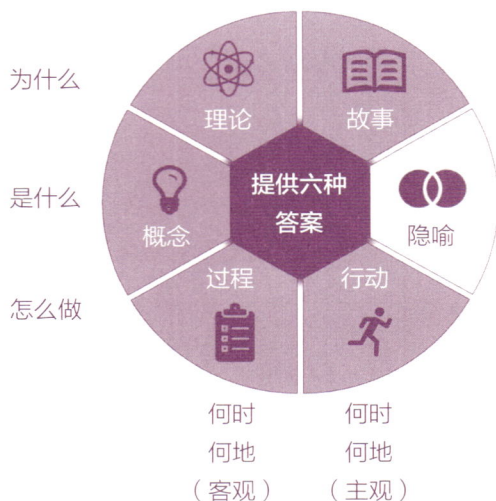

图4.16 隐喻是对"是什么"的问题的主观回答

加粗的文字是括号中描述的次域（例如高尔夫球）的动作（例如一杆进洞）。楷体字是主域（例如销售）中的一个动作（例如演讲）。框内的文字表示主域和次域中的一个共同概念的隐性比较（例如完美）。

为了进一步理解这个高尔夫比喻，我们有必要了解一杆进洞的难度。对于一个三杆洞（通常的期望是三杆完成），新手完成一杆进洞的概率是12500∶1，而职业高尔夫球手是2500∶1（美国的一杆进洞）。如果销售代表与经理分享这个比喻，而且两人都是高尔夫球友，那么两人都很有可能理解与一杆进洞相关的高度卓越性。销售经理和销售代表的解释很可能是，没有比这次会议更好的了，它是完美的，或尽可能地接近完美。没有什么比一杆进洞更好的了，而这次销售会议也如此精彩。

即使对一个非高尔夫球手来说，这也可能是一个很好的比喻，从一个看似遥远的次域到主域都有很好的传播。然而，也许一个新手或非高尔夫球手并不了解一杆进洞到底有多难。如果经理认为一杆进洞的可能性是50%，这就不具有卓越的内涵了。如果是这样的话，销售代表可能会选择一个不同的比喻，比如"演讲是一件艺术品"。艺术品是一件杰作。在杰作的情况下，每一个笔触都是完美的，或尽可能地接近于完美。

为了进一步说明答商术语中隐喻的结构，下面提供了另外几个在销售中使用的体育隐喻，并在后面作了简要解释。

我们已经把提案交给他们，**球在他们的场地上了**。［网球］ 责任

网球被分为两个区域交替进行。第一个球员击球，第二个球员还击。交替进行，如果没有轮到你击球，那么你几乎不用做什么。

让我们今晚完成交易，实行**全场紧逼战术**。［篮球］ 全力以赴

在篮球运动中，全场紧逼是一种积极的防守姿势，所有防守球员都试图在整个篮球场上给进攻方施加压力。全力以赴就是直接彻底地完成任务或目标。

我们已经向客户做了报告，我们被**击倒读秒**了。［拳击］ 担忧

当一名拳击手被击倒时，裁判会倒数 10 秒，这段时间内被击倒的拳击手可以站起来继续比赛，或在 10 秒后被取消比赛资格。这是一个非常令人担忧的问题，因为明显的可能性是无法起身。

这笔交易到**终点线时**才谈妥。［赛马］ 结果

在赛马中，传统上，一根拉长的铁丝代表终点线。这表示直到最后可能的时刻才会有结果。

让我们绕过我们的联络队员，去找一位更高级的主管吧。［美式橄榄球］

希望渺茫

"万福玛利亚"（Hail Mary）与天主教大学足球队有关，指的是四分卫绝望地往球场上掷出的一记传球，通常是在时间过了之后，试图在终点区接球。成功的唯一希望是祷告能得到回应。这种远程传球代表着为成功而进行的绝望的最后的尝试。

为了在明天之前准备好这份报告，我们必须**一起划船**。［划船］ 合作

在一艘八人船中，如果一方比另一方更用力地拉，船就会倾斜。优秀的团队在拉动过程中进行小的调整，以便达到最快速度。协调对于高绩效的团队非常重要。

谈判的隐喻（来自我的课堂）

在我的课堂上，我用以下隐喻来解释整合式谈判的概念。

有效的谈判策略就像**分享一个深盘比萨**。［餐饮］ 整合式谈判

加粗的文字是括号中描述的次域（例如餐饮）的行动（例如分享深盘比萨）。楷体字是主域（例如课堂上讨论的组织行为主题）中的行动（例如有效的谈判策略）。框内的文字代表了主域和次域中的共同概念的隐性比较（例如整合式谈判）。

如果发生整合式的问题识别和寻找替代方案，那么比萨的周长就会增加。谁不想要一个更大的比萨呢？此外，如果在餐桌上的每个人都能平等地分享这块比萨，每个人都会很高兴，每个人都会想再次与对方共进晚餐。这个比喻有助于直观地了解价值创造（扩大比萨的大小）和整合式谈判中的价值要求（使每个人都得到相同数量的比萨）之间的关系。

高答商实践的含义

1. 隐喻使概念变得容易理解。我曾经与一家人力资源咨询公司合作，为全球 50 家公司开发复杂的供应链解决人才管理方案。它们比客户更复杂，客户不了解它们的产品。解决办法是以隐喻的方式讨论产品的属性。作为一名导师，重要的概念往往是微妙的——团队合作、领导力、耐心以及其他一些概念都会被想到。一个恰当的比喻可以传达出在阅读定义时失去的微妙之处。

2. 建仓还是买入？想象一下，在一次求职面试过程中，面试官说：

"谈谈你自己吧！"如果你讲述你刚看过的一部电影的故事，或者你在网上读到的一些东西，那将是非常不寻常的。根据我的经验，销售电话也是如此，潜在客户希望听到一个以你的公司为重点的故事。相比之下，如果你确定了一个重要的概念（与求职面试或销售有关），那么使用股票隐喻是可以接受的，也是有效的。例如，如果你确定你的第一项软技能是领导力，并在为你的下一次面试做准备，那么请在网上搜索"领导力隐喻"，对这些隐喻进行分类，找出一个与你产生共鸣的隐喻。

3. 好的隐喻是有深度的。 在答商中，我对隐喻采用的符号是两个部分重叠的圆圈。这个符号反映了隐喻在概念之间创造了一种相似性。如果概念之间的重叠是完全的，那么这些概念就被说成在主域和次域相互同构的——这两个领域的概念的意义是一样的。这样的完全重合是最理想的，尽管所有的隐喻在比较中都会在某个点上崩溃。高质量隐喻的标志是它们有更多的深度，意味着比较的更多方面经得起推敲，圆圈之间的重叠度更大。例如，我喜欢答商作为多级火箭的隐喻。这里有一些重要的相似之处。这个比喻解释了努力的概念：答商和火箭需要大量的燃料与血液、汗水及能量才能到达平流层。我发现这个比喻有助于劝阻那些可能被诱惑、不知不觉地认为答案很容易的人。另外，多级火箭也有助于传达升空时最需要努力的信息。三级土星五号火箭所需燃料的 61% 是在实现升空的第一个阶段消耗的。同样，高答商实践 1（提供六个答案）是最重要的练习，它需要最多努力来实现升空。简而言之，如果你认为答商很重要，你就会在准备重要的对话时制定六个答案，在对话中有意识地应用这些答案，并在对话后反思提高答案的机会。所有这三个阶段——事前、事中和事后——都需要巨大的努力才能成功，因为这涉及心态和习惯的改变。最后，所有的比喻都会崩溃。"土星五号"是一个多级火箭，分三个连续的阶段发射。答商有五种实践，而不是三种，在实践 1 之后，实践 2—实践

5 没有特定的顺序。

4. **隐喻是低垂的果实**。隐喻就像果园里众所周知的低垂的果实，只等着你去摘。你只要伸手抓住低垂的果实，不需要爬梯子。比喻比故事更容易传递。首先，在时间有限的情况下，一个比喻可以在几秒钟内说出来，而展开一个故事可能需要一分钟或更长时间。其次，讲故事需要技巧才能有效地进行。例如，角色的发展、恰当的停顿和良好的整体节奏、演讲中的舞台表现能力以及在讲述中创造悬念的能力都需要熟练的讲故事者。然而，这并不意味着隐喻中没有技巧。隐喻的一个重要方面是要知道为手头的场合选择什么样的隐喻。在采访顶级高尔夫教练时，我们问一位特别擅长隐喻的高尔夫教练，他是否总能为他的学生找到正确的隐喻。他说："是的。"但他补充说，"如果第一个隐喻不到位，那么我能够提供一个后备隐喻来说明问题。"类似地，在果园里你要挑选合适的苹果。如果你要烤馅儿饼，那么你可以选择格兰尼史密斯品种。如果那些不是当季的，那么你可以选择乔纳金品种。

5. **情感上的吸引力**。隐喻创造了一种情感诉求。你不能告诉别人应该有什么感觉。在隐喻有效的情况下，隐喻的接受者会以直观和情感的方式（或不）感受到隐喻。例如，我在课后与一位 MBA 学生交谈，我知道她是一位园丁，我也碰巧知道一个与园艺有关的好的领导力隐喻。我说："领导力就像园艺，你可以给花园浇水和施肥，但植物并不总能生长。"这个隐喻让她感到很自由。她是工作中的一个新领导，她正为自己的努力并不总是有效而挣扎。她意识到这些个人的失败是正常的。在课堂上我们讨论了其他相关概念，但正是这个隐喻建立了联系。

自我评估

操作说明：在表 4.12 的空白处填写你感兴趣的话题（销售、面试、谈判、领导力等），并评估你的答商隐喻。

表 4.12　关于隐喻的自我评估

	（1）较差	（2）待提升	（3）较好	（4）良好	（5）优秀
与_____比较	你不使用隐喻。或者在与_____相关的概念和行动之间进行非正式的比较，这些比较很难确定	你对_____和其他概念或行动之间的比较是无效的。例如，这种比较可能是不相关的，是被迫的，或者需要大量的解释	你会在_____与其他概念或行动之间进行相关且有趣的比较	你会在对话中强调关键的_____隐喻，通过重复来加强其他概念或动作之间的重要比较，从而加深对_____的理解	你根据接受者的特定专业和个人兴趣定制_____隐喻，以便在_____和其他最相关的概念和行动之间进行比较

第五章

高答商实践 2：回答两次

除非实现双赢，否则任何协议都不可能是永久的。

——吉米·卡特

回答两次是指回答两次为什么、是什么和怎么做的问题，以便吸引左脑和右脑。理论和故事回答了"为什么"的问题。概念和隐喻回答了"是什么"的问题。过程和行动回答了"怎么做"的问题。

双方都必须赢。伟大的沟通者会吸引大脑的两个方面。伟大的沟通者会回答两次。高答商的沟通者对为什么、是什么、怎么做的问题回答两次，以便吸引左脑和右脑的注意力。大脑的左侧是逻辑的、客观的、有顺序的。我们大脑的左侧更喜欢理论、概念和过程的答案。大脑的右侧是创造性的、主观的和随机的。我们大脑的右侧更喜欢故事、隐喻和行动的答案（图 5.1）。

这一章的内容是面试候选人艾丽卡的虚构对话。艾丽卡有三年的经理经验，她被猎头公司招募去面试一个董事职位，这将是她目前职责的自然延伸。选取这个例子是为了说明一个高风险的对话。如果风险很高或混乱程度很高，就应该回答两次。此外，对话还展示了在回答一个问题时结合两个答案的艺术性。两次回答就像编排好的舞蹈，答案的表达既可以是流畅自然的，也可以是尴尬的。你肯定不想踩到对话伙伴的脚趾。

第二章对认识世界的客观和主观方式进行了区分，这些方式划分了答

图 5.1　回答两次"为什么""是什么"和"怎么做"的问题，以便吸引左右脑的注意力

商环形图的左面和右面。本章通过研究吸引左脑和右脑的答案这个隐喻，对答商环形图的两面进行了分析。几十年来，对大脑两边的吸引力一直是应用于销售、面试、婚姻和无数其他主题的隐喻智慧。同样，本章提供的吸引大脑两边的答案对提高你的答商很重要。

"是什么"型问题

　　人力资源招聘人员和人才经理认为，软技能与硬技能同样重要，甚至更重要。2019 年，领英对 5000 多名人力资源人才专业人士进行了研究。92% 的受访者表示软技能比技术技能更重要，89% 的受访者表示不好的雇员缺乏软技能。软技能是智力、人际和社交技能，一般适用于各种工作，例如创造力、沟通、领导能力、解决问题等。相比之下，硬技能更容易被量化。例如，编制资产负债表对会计师来说是一项硬技能，而搜索引擎优化对营销人员来说是一项硬技能。

面试官："你的头号软技能是什么？"

艾丽卡回答了两次。

艾丽卡："我的头号软技能是领导能力。具体来说，领导能力是帮助员工成为更好的自己的能力，我把它描述为变革型领导能力。同时，领导应该让员工负责，我把它称为交易型领导能力。你可以把领导能力想象成一根编织绳。当交易型领导能力和变革型领导能力拧成一根编织绳时，它就比每根绳子都要强。"

总之，通过两次回答，艾丽卡将领导能力定义为变革型和交易型（概念答案）以及编织绳（隐喻答案）。

"为什么"型问题

面试官："我们为什么要雇用你？"

艾丽卡回答了两次，继续强调她的领导能力……

艾丽卡："让我告诉你一个故事。我曾经在一个部门工作，在那里晋升是很常见的。在我被提拔之前，我观察了其他被提拔的人。我注意到一个令人不安的趋势。新提拔的经理人注重变革型领导，但忽视了交易型领导。经理人关注变革型领导是很自然的。没有一个直接的报告会抱怨变革型领导。变革型领导越多越好。相比之下，许多员工抗拒被问责，新晋升的经理人很容易忽视问责合理化。例如，'我不想进行微观管理'。或者，罪魁祸首可能是员工之间的称兄道弟。我见过几个新任命的经理，他们与同行有友谊关系，升职后就变成了上下级关系，但他们仍然保持着做朋友的愿望，在这种关系中，责任感被淡化了。"

艾丽卡把这个故事和她的领导风格联系在一起……

艾丽卡："在观察了其他新晋升的领导者后，我对自己发誓，我将永远是一个注重变革型领导和交易型领导的领导者。这就是我在过去两年担任经理时的领导方式。"

为了回答两次，艾丽卡过渡到理论答案，以便确保自己的观点是明确的，并进一步强调观点……

艾丽卡："我相信变革型领导和交易型领导对员工的工作表现都很重要。事实上，我认为变革型领导和交易型领导是同等重要的。"

通过明确说明变革型领导和交易型领导是如何影响工作绩效的，面试官就不会混淆故事的寓意是什么。如果有的话，那么面试官很可能会问一个后续问题来澄清。另外，艾丽卡指出变革型领导和交易型领导同等重要，这强调了她个人对这两者的信念，以及许多无效的管理者未能将交易型领导提升到同等地位。

"怎么做"型问题

面试官："你是怎么领导别人的？"

艾丽卡："每个项目结束后，我都会进行 PMC 分析，即增加（Plus）、减少（Minus）、改变（Change）分析。这是一个简单的三步过程，我要求我的团队讨论：

1. 增加：有效做法。

2. 减少：不起作用的部分，而且我不知道如何解决。

3. 改变：不起作用的部分，但我知道如何解决。

这个程序侧重于项目的积极方面，往往与变革型领导相一致。此外，通过持续进行减法和改变，使问责制常态化，成为我们一直在做的事情，而不是在事故发生后再问责，后者可能会加剧与问责制有关的尴尬或怨恨。"

此外，为了补充这个程序的答案，艾丽卡讨论了一个具体的行动，表明她有能力在高水平上执行这个过程。

艾丽卡："我也喜欢从相反的角度看问题，以便进一步规范问责制。有一种倾向是积极的：每当有人提出'增加'型评论，我就想办法把它变成'减少'或'改变'型评论。例如，如果一个团队成员对客户在演讲结束后的问答部分的参与度做了'增加'型评论，那么我可能会指出客户在演讲开始时并没有参与进来，从而做出改变型评论。许多在问答中提出的好答案应该在演讲的早期就提出来。另外，我也会反其道而行之，针对减少或改变型评论，提出一个增加型评论。"

总之，通过两次回答，艾丽卡展示了实施变革型和交易型领导的重要过程，并确定了一个具体的行动（成为逆行者），说明她有能力在高层次上执行行动。

高答商实践的含义

1. **要有策略**。如果对每个问题都使用两次回答，就会造成提问者的疲劳。换句话说，两次回答是为了强调。

在求职者艾丽卡的例子中，对所有三个问题（为什么、是什么、怎么做）都演示了两次回答。在实践中，面试者需要阅读情况，以便确定哪些问题是最重要的，这些问题应该被回答两次。

2. **编排你的舞步**。传统上，女性在第一步中以右脚向后开始跳萨尔萨舞，而男性则以左脚向前开始。在回答两次的情况下，可以选择以左脑或右脑的答案为主导。如果先回答左侧，这就为倾听做了准备。例如，一个理论清楚地说明了主要观点（X→Y）。当人们听到这个理论时，你可以提供故事来强调，听众就会被引向主题，并使故事的意义与理论一致。相比之下，如果先回答右边的问题，这就更有戏剧性了。如果先讲故事，听众就会自己去识别和理解主题。然后，当理论被分享时，如果听众所感知的故事主题与答案提供者所表达的理论相一致，那么这将导致听众对理论的更大欣赏。

　　萨尔萨舞告诉我们，第一步很重要，否则你就会踩到你的伙伴的脚趾。在答商中，选择从左脑或右脑答案开始，是你在回答两次问题时必须有效编排的另一个选择。

第六章

高答商实践 3：补充答案

世人皆爱赞美。

——亚伯拉罕·林肯

赞美和补充都是强化的机制。提供补充有两种形式：相邻形式和强烈形式。相邻形式的补充是指任何给定的重点答案都得到一个或两个相邻答案的支持（图 6.1）。例如，一个概念（重点答案）可以得到理论和过程答案的补充。强烈形式的补充是指所有六个答案都相互加强。

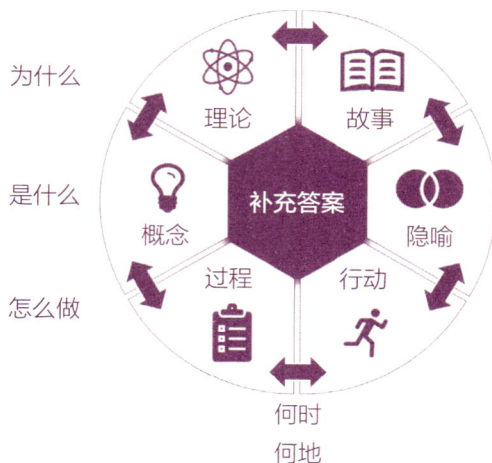

图 6.1　每种答案模式都与相邻答案互为补充

答商非建筑

在哲学中，有两种研究的基本方式。第一种观点是基础主义，即知识就像一座大楼。大楼的每一层都是知识，建立在前一层的基础上，而第一层则建立在地基之上。地基代表一个不言而喻的或基本的信念，不需要进一步的论证，并能支持上面各层的重量。我相信，答商与基础主义是不相容的。答商**不是**建筑。有人提出了几个反对基础主义的论点，我认为其中两个与答商有关。

根基问题。根据基础主义，必须有一个根基，即一个高于所有其他信念的信念，所有其他信念都建立在这个根基之上。在答商术语中，这表明一个答案类型（理论、概念、故事、隐喻、过程或行动）是其他答案类型的基础。如果你与许多教授交谈，那么他们可能倾向于将理论作为其他答案的基础。然而，如果你看一下重要的理论，它们往往是在实践经验（程序和行动；与理论相反）的基础上归纳发展的。哈佛大学的沃尔顿和麦克西根据他们作为谈判者的实践经验，发展了他们开创性的综合和分配谈判理论；他们经常向学生分享实际的谈判记录。在商界，史蒂夫·乔布斯可以因为他的大局观（又称为世界理论）或他用故事吸引人的能力而受到称赞。但其他人可以指出，如果没有史蒂夫·瓦斯尼亚克的技术能力（又称为程序和答案），就不会有苹果公司。认为一种答案类型是其他答案的基础，具有任何最终意义的说法是值得怀疑的。这意味着一旦浇筑了地基，建筑基础就是永久性的。与建筑基础不同，现实生活中的对话会根据上下文的不同而转移重点（基础）。例如，当我建议一个学生在大四的最后几周找到工作时，他们关注的是找到工作的实际答案（程序和行动）。一年后，同一个人可能是一个有抱负的公司经理，有机会与首席执行官会面 15 分钟，重点可能是获得对公司战略的见解（答商术语中的理论和概念）。

层次问题。与基础有关，在它被选中后，所有其他楼层都在它的基础上按层次排序。就形式逻辑而言，每个楼层（例如，3，2，1）类似于论证中的一个命题：命题 3 建立在命题 2 之上，而命题 2 又建立在命题 1 之上。我曾试图与同事、学生和客户就基础答案类型的存在进行对话。撇开这一点不谈，当涉及随后的五种答案类型如何排序时，对话很快就出现了问题。甚至比起基础问题，我觉得层次问题更值得怀疑。任何努力都显得武断和反复无常。表明任何特定的答案是其他答案的基础已经很困难了，那么对随后的答案进行排序就开始感觉像是对在针头上跳舞的天使数量的调查——一种神秘的智力猜测，对它的追求没有任何意义。

答商是海上航行之船

第二种基本的知识观是融贯主义，即知识就像一艘船。木材、螺栓、托梁、金属部件、设备和船员都对船舶的适航性有贡献。当契合度高的时候，船就不会翻倒，也不会进水。在答商术语中，任何特定答案类型的真实性都是根据它与其他答案类型的契合度来判断的。连贯主义避免了识别基础（将一种答案类型置于另一种答案类型之上）和以序列方式排列答案的问题。例如，在面试过程中，求职者可以讲述一个关于领导力的故事（一种答案类型）。面试官可以通过该故事与其他答案类型的匹配度来测试其真实性。面试官可以问："你能告诉我你是如何领导的吗？"如果求职者不能讨论具体的过程和行动，这个故事就会被质疑为肤浅。相反，如果求职者能够根据其他五种答案类型来重新构建他们的故事，那么这个故事就是连贯的、可信的、令人信服的。

如果一个答案得到所有其他五种答案类型的支持，那么它就是连贯的。我把这称为补充答案的**强烈形式**。一艘船的任何部分都会受到该船其他所有部分的影响，答案也是如此。任何答案都会受到其他所有答案的影响。例如，船头的破损如果足够严重的话，那么将使整艘船沉没，包括船尾。同样地，一个糟糕的答案可能会使一个求职者失去机会，并抵消他的其他五个强有力的答案。

然而，考虑到一些制约因素——秩序（正在展开的对话可能决定了问题和答案的顺序）、兴趣（一些答案被认为更重要）和时间（对可以涵盖的答案数量的限制）——通常情况下，所有六个答案都不能被实际涵盖，或被同等重视。鉴于这些限制，我视其为补充答案的**相邻形式**。延伸适航性的比喻，假设你能回到陆地，当船在船坞时，发生破损的地方将被修复（主要答案），与破损处相邻的区域可以被加固以便获得额外的强度（相邻答案）。就像船上的一个洞，对话集中在知识的差距上（结构性的、陈述性的、程序性的），这些差距被作为主要问题（为什么、是什么或怎么做）传达。这个问题得到了回答，知识的空白被主要的答案所填补，并得到邻近答案的支持。

相邻的答案存在于彼此之间（图6.2）。一级相邻的答案是最相似的（它们在环形图上彼此相邻）。一级相邻答案之所以被如此命名，是因为它们是最大程度的相似——它们在各方面都很相似。例如，概念和过程是一级相邻的，因为它们都对答案有共同的主观取向，唯一的区别是，概念回答了"是什么"的问题，而过程回答的是"怎么做"的问题。同样，过程和行动也是一级相邻的，因为它们都回答了"怎么做"的问题，唯一的区别是，过程是客观性答案，而行动是主观性答案。以此类推，每两个一级相邻的答案类型只在一个程度上有所不同。一级相邻的答案提供了对话的流程，它是如此微妙，常常被认为是理所当然的。

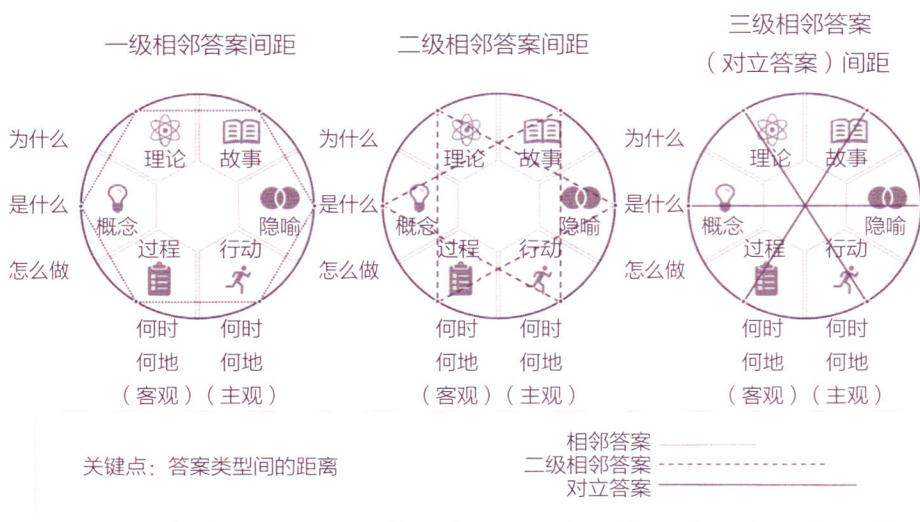

一级相邻答案间距　　二级相邻答案间距　　三级相邻答案（对立答案）间距

关键点：答案类型间的距离

相邻答案 ————
二级相邻答案 --------------------
对立答案 ————

图 6.2　答案类型之间的接近程度

为了强调相邻答案经常被认为是理所当然的，我向一个行政团队展示理论和故事是相关的（一级相邻）。像所有的高管一样，他们有商业战略（答商术语中的理论），我想告诉他们，故事是沟通理论的一种自然方式。为了说明这一点，我给他们读了几则《伊索寓言》。例如：

青蛙与牛

一头公牛来到芦苇池塘喝水。它重重地踏进水里，踩扁了一只小青蛙。

青蛙妈妈很快就发现小青蛙不见了，于是问小青蛙的兄弟姐妹们，它到哪里去了。

"一个巨大的怪物，"其中一个说，"用它的大脚踩死了弟弟！"

"它有多大！"青蛙妈妈一边说着，一边鼓气。"它有这么大吗？"

"哦，大得多！"它们喊道。

青蛙妈妈继续使劲儿鼓气。

它说："它不可能比这更大了。"但是小青蛙们都说这个怪物要大得多，大得不得了，青蛙妈妈则不断地鼓气，直到一下子，它的身体爆裂了。

随后我们讨论了故事的主题："做真实的自己"。这是一个关于真实性的故事。任何故事的主题都可以转化为理论，作为因果模型。可以说，该理论是"真实性→幸福感"。高管们同意我的观点，理论和故事是相关的。在答商术语中，它们都关注"为什么"问题。通过明确理论和故事之间的关系，《伊索寓言》练习让高管们意识到战略应该用故事来表达（反之亦然）。

继续沿逆时针方向绕过答商环形图，每个相邻的答案都有一个微妙的、常常被认为是理所当然的联系。理论和概念是相关的。它们都侧重于客观理解，分别解决为什么和是什么的问题。一个理论是建立在概念之上的。例如，满意度和忠诚度是两个概念。"满意度→留任"是一个理论声明，是离职理论的一部分。通过增加因果关系，快乐的员工不太可能有离职意向。

同样，概念和过程之间也有明确的关系。每个过程的实施都是为了某种目的（在答商术语中是一个概念），与过程的最后步骤的完成有关。例如，头脑风暴（一个程序）的目标是发展更多、更好的创造力（创造力是答商术语中的一个概念，是过程的目标）。

过程和行动是相关的。两者分别从客观上和主观上解决了"怎么做"的问题。正如已经讨论过的，过程代表了食谱中的步骤（例如，烘烤蛋糕的 10 个步骤），而行动则与任何给定的步骤相关（例如，敲打鸡蛋）。因此，从组织到个人层面，每个过程都强调步骤，而任何给定的步骤都与行动相关。

行动和隐喻是相关的。隐喻通常被视为语言的人工制品，因此，它们在中学的英语课上被教授。关于隐喻的另一个观点是，它们是体验物理世界（以及答商术语中的具体行动）的一个人工制品。在这种观点下：

……隐喻使我们能够通过将抽象事物描述为物理宇宙中的物体来开始理解它们。因此，这些抽象事物具有物理物体的属性，例如物质、形式以及移动或被移动的能力。

在答商术语中，实物代表行动，在现实世界中进行。像其他相邻的答案类型一样，隐喻和行动之间的联系是理所当然的。事实上，当一个隐喻与行动的关系被完全视为理所当然时，它被称为死隐喻。例如，"最后期限"是指行刑日，但从隐喻的角度看，它与监狱的边界有关，超过这个边界，犯人就会被枪毙。另一个例子，"腹背受敌"与商业失败有关，但在隐喻上，它与鱼死后腹背受敌的情况有关。在这两个例子中，基本的行动（分别是周长和鱼的漂浮）都与死隐喻有关——与隐喻有关的原始行动往往被传播者遗忘。

最后，故事和隐喻是相关的，因为它们都试图解释主观经验，分别解决为什么和是什么的问题。所有的故事都可以转化为隐喻。例如，戏剧《罗密欧与朱丽叶》是一个悲剧性的爱情故事。整个故事可以被折叠成一个十字星恋人的隐喻。

总而言之，每一个一级相邻的答案都以微妙（理所当然）的方式互补。有趣的是，三级相邻答案（相反的答案）也有一种微妙的（理所当然的）相互之间的关系。然而，与一级相邻答案的相似性不同，相反的答案往往会在答案类型之间产生阻力，并可能产生冲突。

在给定约束条件（顺序、兴趣、时间）的情况下，提供与焦点问题相反的答案是高风险的。考虑一下故事和程序，二者在答商环形图上相对。你去看电影是为了听故事（你想要情感上的联系）。你去看茱莉亚·查尔德的电影是为了了解她的故事，而不是学习她的食谱中的步骤（过程答案）。想象一下，如果一系列食谱在屏幕上一个接一个地显示90分钟，会发生什么。其他人会走出剧院。你可能也会走出去。在这个例子中，主要的制约因素是兴趣，电影观众感兴趣的是故事，而不是过程。

理论和行动在答商环形图上是相对的，在限制条件下（秩序、利益、时间）也是相互抵制的。我认识一位教授，他是一位著名的领导能力学者。他的主要关注点是理论。有一次他对我说，他不出去和他做研究的公司见面，而是派他的博士生去。在常识的基础上，我认为这与向他人提供领导能力是背道而驰的。但是，从答商的角度来看，这很有意义。他关注的是领导能力理论，而不是如何用程序或行动帮助他人提高领导能力这样的实际考虑。在与一家公司的研究报告中，高管们总是围绕着实际问题进行讨论，比如："我如何使用这个领导能力理论？"解决与领导能力相关的"怎么做"的问题并不是他所关心的。为了避免这样的实际对话，他一开始就会避免与高管们互动。正如他们所说，他是典型的象牙塔学者。

最后，概念和隐喻，作为相反的答案相互抵制。尽管概念和隐喻都解决了"是什么"的问题，但是它们以相反的方式进行。一个客观的概念和一个主观的隐喻之间的距离很远。例如，在连续体的一端，概念是被定义的。事实上，定义是任何入门级商业教科书的一个标志。在连续体的另一端，根据亚里士多德的说法，隐喻与天赋有关。

到目前为止，最伟大的事情是成为隐喻的大师，这是一件不能从别人那里学到的事情；这也是天赋的标志，因为一个好的隐喻意味着对不同事物的相似性的直观感知。

——亚里士多德《诗学》

因此，一个概念和隐喻之间的距离可以很远，这是新手和天才之间的区别。在与大学生合作的过程中，我的经验是，大学生通常可以定义他们的第一软技能（概念答案），但这些大学生在 33% 的情况下不能识别代表这个软技能的隐喻。这个例子强调了概念和隐喻之间的距离可能很远。

最后一点，二级相邻答案之间的距离是适中的——这些答案在答商环形图上彼此相差一级。因此，二级相邻的答案是适度互补或相互抵触的（取决于你的构思）。

高答商实践的含义

1. **专业人士会提供所有六种答案。** 高答商实践 1 是提供六种答案，强调为手头的问题提供单一正确的答案。本章提出的观点是，在补充答案的强烈形式下，提供所有六种答案。这样做，任何特定的答案类型都会被其他五个答案类型所补充和加强。

在最初的答商研究中，世界顶级的高尔夫教练提供了所有六种答案。这六种答案被他们的学生讨论。此外，在与我们的研究团队的访谈中，我见证了他们在答商环形图上绕来绕去，从一个故事到一个过程，再到一个概念，或在任何能促进与研究团队对话的方向上无缝衔接。在答案类型之间的转换可以被认为是专业知识和专业技能的标志。在较低层面上，专业知识是指有一个或多个主要的答案类型，而专家可以用其他答案类型进行交流。与专业知识相一致，环形结构的一个特点是，六种答案类型中的每一个都不是纯粹的形式，而是与其他答案类型相重叠，这与它们在环形结构中相互之间的接近程度相称。因此，如果一个教授声称自己是某个理论的专家（具备专业知识），那么他提供其他五种答案类型的能力反映了他对该理论的理解。专业技能意义上的专家是指一个人是所有答案类型的专家，他们的专业知识并不来自任何特定的答案类型。

在体育方面，当迈克尔·乔丹第一次成为职业篮球运动员时，他是一位具备专业知识的进攻专家。具体来说，他是一位带球上篮的专家，最引人注目的是他的扣篮。在他职业生涯的早期，他的过人能力为他提供了离篮筐更远的跳投机会。他的防守者会后退，不想被扣篮，乔丹会在离篮筐更远的地方跳投。换句话说，他很擅长跳投，因为他很擅长突破上篮。随着他职业生涯的发展，他成为一名进攻专家（具备专业技能），因为他的比赛扩展到了三分球和背对篮筐进攻的能力，包括使用转身跳投。在进攻方面，他可以做到这一切，他的进攻武器库的每个方面都是一个优势。

兵之形，避实而击虚。

——孙武《孙子兵法》

2. 说服力是相辅相成的。 如果有人告诉你一个他们深信不疑的故事，那么你极不可能分享一个不同主题的故事，从而说服对方改变对他们主题的看法。每个答案类型也是如此：用另一个行动反驳一个行动，是没有说服力的；用另一个概念反驳一个概念也是很难的。在反驳一个答案类型时使用相同的答案类型，相当于"喊得更大声"。我们知道这是不可行的。要说服别人，你必须使用相邻的答案类型，这就是所谓的避实就虚。例如，如果一个根深蒂固的故事是由另一个人提供的，就问一下基础理论，或者这个故事作为一个隐喻意味着什么（都是相邻答案）。

第七章

高答商实践 4：用风格回答

改变世界，从自己的内心、头脑和双手开始。

——罗伯特·波西格

本章提出了影响他人的三种不同的沟通风格。关系型风格（故事和隐喻）吸引人心。分析型风格（理论和概念）吸引人的头脑。实用型风格（过程和行动）吸引人的手（图 7.1）。

图 7.1　三种沟通风格

分析型、关系型和实用型风格

列奥纳多·达·芬奇是一位建筑师、工程师、数学家、科学家、雕塑家、画家、哲学家。他是一个文艺复兴时期的大师，是许多学科的专家。在我们对世界顶级高尔夫教练的研究中，我们观察到他们有能力在高水平上提供所有的答案类型。我们把这些全面的答案提供者称为文艺复兴式的沟通者。我们认为文艺复兴时期的沟通者是那些掌握三种回答方式的人：关系型、分析型和实用型。

这三种回答方式分别诉求于不同的沟通目标。关系型风格使用故事和隐喻来建立个人和情感联系。分析型风格使用理论和概念来解释及预测一个复杂的世界。实用型风格使用程序和行动来执行具体的任务并取得成果。

这三种风格的组合代表了文艺复兴时期的沟通。单独来看，这些风格代表了每个沟通者所倾向的首选答案类型。分析型风格是我的主导沟通风格。在开发出答商环形图之前，作为一名博士生，我记得第一次读到社会心理学创始人库尔特·勒温的一句话："没有什么比一个好的理论更实用了。"这句话让我产生了共鸣。我的博士课程的研究目标是发展理论。事后看来，第一章中讨论的"书架上的活页夹"的故事，即一个研究客户不重视研究反馈报告，是可以从首选答案风格方面来解释的。研究团队（包括我）专注于分析风格，而客户则专注于实践风格。我在研究和咨询中对分析风格的关注，也延伸到我的教学中。

在使用答商环形图之前，我认为在课堂上不需要有实际的例子，甚至也不需要教科书。请记住，这些文章据我估计有95%~100%集中在概念和理论上，而不是程序和行动。我记得在开始对世界顶级高尔夫教练进行采访研究之前，我曾经期待并希望了解高尔夫教练是如何向学生传授高尔夫理论的。相反，这项研究的结果是答商环形图和三种回答方式，它们并不代表优先级的等级排序，而是三种共同平等的沟通方式的结合。

学术界使用分析型风格，而非实用型风格

如果分析型文体（理论、概念）和实用型文体（过程、行动）的字数是一个指标，那么学术期刊文章就是最佳参照物。典型的学术期刊文章通常有 30 页或更多的单行距。大部分的篇幅是保留给理论、研究、统计和类似的东西。然后，如果有，那么也只有很小的部分是讨论实际意义的。在《美国管理学会学报》（*Academy of Management Journal*）这个世界上顶尖的学术期刊中，当实践被关注时，它通常是在一个题为"实践的影响"的段落中，其中的描述通常是肤浅的，并以自我吹嘘的方式提及他们的理论，作者写了以下句子的一个变体："我们研究的一个关键实践发现是管理者要使用本文中发展的理论。"

你是否在健身房看到过这样的人，他疯狂地用上半身举重，而他的下半身却仍然很瘦。这是一种不平衡的现象。你想告诉健身房里的那个人做一些腿部深蹲和小腿抬高。在提出答商环形图之后，我有了自我意识。我就是健身房里的那个人！我的学生需要我锻炼自己的实践能力。我的学生需要我在课堂上锻炼我的"实践肌肉"。于是我就这么做了。我使用教科书，采用案例，并让我的学生参加有吸引力的、现实的商业模拟活动。所有这些都代表了对实施领导能力、谈判、团队合作、创造力和我的组织行为学课程中涉及的其他学术主题的程序和行动的实际强调。

我还重新审视了我的关系型风格。我一直都很擅长讲故事和用隐喻。然而，通过答商理论，我能够看到我如何能够更有目的性地使用关系型答案。例如，作为一名顾问，我经常被雇来研究一个组织内的问题，例如人员流失、领导不力或缺乏员工参与。我通常会制定一个调查评估表，收集

数据，分析结果，并进行汇报。这正是我在博士课程期间参与的"书架上的活页夹"的过程。在答商环形图出现之后，我以不同的方式与客户接触。我开始收集他们与感兴趣的话题相关的成功和失败的故事。然后将这些故事与调查的结果进行对比。一个典型的反馈会议是这样的：

格利布科夫斯基博士："让我与你分享你们公司成功<u>参与</u>的三个故事……"（分享了三个故事）

高管："是的，这就是我们！"他们会热情地赞同道。

格利布科夫斯基博士："让我与你分享三个你们公司失败<u>参与</u>的故事。"

高管："不幸的是，这也是我们！"

接下来，我将把他们的故事与<u>参与</u>理论和相关的调查结果联系起来。枯燥的理论在故事中变得生动起来。枯燥的理论与生动的故事相结合，客户从分析的精确性和情感的共鸣中受益，从而理解<u>参与</u>。

注：下划线的词语"参与"可以用任何概念代替（例如、辅导、人际关系、销售、营销……）

总之，从最强到最弱的顺序来看，我最擅长的是分析型风格，然后是关系型风格，而我最大的弱点是实用型。具有高答商的沟通者，即文艺复兴式的沟通者，是那些将三种风格结合在一起以获得最大影响的人。

史蒂夫·乔布斯与苹果公司

史蒂夫·乔布斯被描述为现代文艺复兴者和有史以来最伟大的传播者之一。在他的指导下，苹果公司已经成为使用三种回答方式来影响周围世界的典范。

分析型风格

2007 年，第一代苹果手机是在加利福尼亚的 Macworld 大会上推出的。史蒂夫·乔布斯穿着他标志性的黑色高领毛衣和牛仔裤，在台上宣布：

> 我们想做的是制造一个跨越式的产品，它比任何移动设备都要聪明，而且超级容易使用。这就是苹果手机的特点。

当他说话时，一个超大的 2×2 矩阵在他面前晃动。当他的讲话迅速达到高潮时，他身后的听众也随之活跃起来。就像教友们听到布道一样，听众们站了起来，疯狂地打着手势、鼓掌，并为这个大胆的宣言拍照。

作为一名商业教授，我一直有点儿嫉妒史蒂夫·乔布斯得到的热烈反应。我在课堂上使用了很多 2×2 矩阵。我从来没有收到过这样的反应。2×2 矩阵是一种分析手段，用来解释物体如何利用二维空间进行映射。史蒂夫·乔布斯和苹果公司想通过苹果手机及其他产品达到什么结果？苹果公司为什么会存在？

史蒂夫·乔布斯是一股强大的引力，他打破了我们对一家公司应该实现的成就的期望。大多数公司都为利润或像忠诚度这样看似开明的结果而努力。苹果的目标是受大众喜爱。在 2008 年《财富》杂志上的一篇文章中，引用了史蒂夫·乔布斯的话："让我们做一个伟大的手机，让我们爱上它。"尽管在最初的苹果手机产品发布期间，其理论模型确实遵循了 2×2 矩阵（图 7.2），但是作为一名商业教授，我可以狂热地认为，如果史蒂夫·乔布斯展示了因果模型，那么它将会导致第二个高潮的出现（图 7.3）。

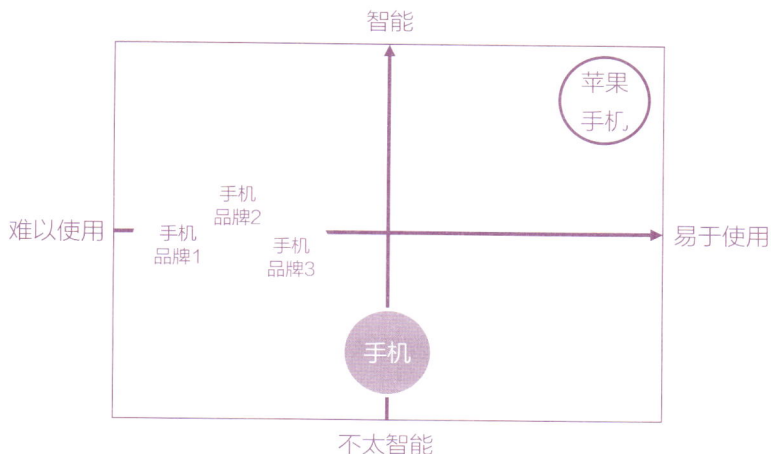

图 7.2　苹果手机是智能手机且易于使用

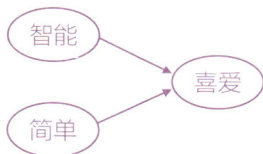

图 7.3　人们喜爱苹果手机是因为它的智能和简单

关系型风格

今天，苹果公司推出了 iTunes，这是世界上最棒、最容易使用的点唱机软件。

——苹果公司新闻稿（2001 年 1 月 9 日）

iTunes 是一个数字音乐合集。它是作为自动点唱机被引进世界的。如果你是千禧一代或更年轻的一代，让我向你介绍点唱机。自动点唱机在当时是一项智能技术，而且简单。当音乐响起，你会爱上它。点唱机是

iTunes 的象征，是任何苹果产品的象征，是苹果的象征。苹果既聪明又简单，你会喜欢它。自动点唱机是 20 世纪 40 年代到 60 年代中期流行的摇滚乐的标志性符号。在此期间，内部扬声器技术不如苏打店提供的自动点唱机的音频质量。因此，青少年们蜂拥到汽水店去听最新的音乐。自动点唱机（jukebox）一词来源于古拉语（Gullah）的"juke"，意思是无序的、吵闹的或邪恶的。点唱机能唤起激情，唤起爱，促进人们交流，使用故事和隐喻，建立个人和情感联系。点唱机的隐喻与 iTunes 产生了个人和情感的联系。此外，2001 年 10 月 23 日，史蒂夫·乔布斯在舞台上首次推出 iPod（便携式音乐播放器）时，也含蓄地延伸了这个隐喻。他将 iPod 描述为一种可以将"1000 首歌放进你的口袋"的设备。谁不想口袋里装着点唱机呢！

实用型风格

2001 年，苹果公司宣布建造首批 25 家苹果商店。史蒂夫·乔布斯录制了一段视频，他用实用的风格对苹果商店进行了亲身体验。他说：

> 如果你买电脑的时候，或买完电脑之后有什么问题，可以询问技术支持及售后人员，是不是很棒？这就是我们提供的服务。

他坐在一个现代风格的独立式高台边的木凳上，顾客可以坐在那里进行咨询。他拍了拍台子，说："这就是我们提供的服务，叫作天才吧（genius bar）。"如何使用苹果手机？好好利用天才吧就行，它既智能又简单，你会喜欢的。

高答商实践的含义

1. 确定你的沟通目标。 在任何谈话中，你都可以强调这三种沟通方式，这取决于谈话的目标。如果你的目标是解释和预测，那么请使用分析风格。如果你的目标是建立个人和情感联系，就使用关系型风格。如果你的目标是执行一项有形的任务并取得成果，就使用实用风格。高答商实践 1 建议回答手头的问题。例如，"如何做 ____ ？" 是一个 "怎么做" 型问题。高答商练习 4 建议，无论手头的问题是什么（怎么做、是什么或为什么），你都要关注与正在进行的对话的目标最相关的风格。如果你在求职面试过程中，他们问你 "如何提问"，你应该回答这些问题，但同时也要寻找机会提供故事和隐喻，如果你的主要对话目标是建立个人和情感联系的话。在与一家公司的第一次求职面试过程中，你可能想强调关系风格，以便介绍自己，并对公司和工作有一个直观的适合程度。到了第三次面试，你的重点可能会改变，以便确保他们知道你能胜任这项工作，你可能会强调实用风格，通过讨论你用来完成工作的程序和行动。例如，如果求职者申请的职位不提供正式的培训（被选中的求职者有望在第一天就开始工作），求职者可能希望在第一次面试中注重实用风格，以便证明他有能力完成工作。

在一对多的演讲中，目标更可能是多重的，我们建议使用多种回答方式。例如，在苹果产品发布会上，展示是分析性的，因此之前讨论的 2×2 矩阵，吸引了房间里的分析师。但是史蒂夫·乔布斯会讲故事，提供隐喻，这令他与房间里的人建立了情感联系。

2. 了解你的风格。 首先，我喜欢的风格是分析型，其次是关系型和实用型。利用自我反省以及他人的反馈，你可以了解你的回答风格偏好。重要的是要知道你在谈话中最有可能注重哪种风格。例如，如果你是一个关系型的沟通者，这种风格可能会产生导致共鸣的故事。或者，它可能会过犹不及。"请不要再讲另一个故事"是充斥在房间里的一种无言的情绪。同样，你需要了解自己的优势和劣势，这样你就可以利用你擅长的东西，并弥补你的劣势。

3. **了解他人的风格**。对话的进行涉及你和另一个（些）人。了解别人的沟通方式就是了解自己的沟通方式的另一面。你需要了解别人的喜好、优点和缺点，这样才能有效地工作。我给一屋子的工程师做了一个关于答商的报告。我以为他们有分析的风格。所以，我比平常多做了几张分析幻灯片。我的陈述正中要害。根据我在课堂上的经验，我发现大多数学生更喜欢实用的风格。如果听众是多样化的，那么在假设听众有不同的回答风格和目标的情况下，混合所有三种风格是合适的。尝试理解别人喜欢的风格，可以帮你从了解一个人到了解整个组织。例如，在哈拉斯赌场，当时的首席执行官加里·洛夫曼说有三种被解雇的方式："偷窃，骚扰女性，或者在不进行实验的情况下制定计划或政策"。在实验方面，这与分析的风格是一致的。当然，另一个组织可能有关系风格的规范，最好的故事或隐喻获胜。迪士尼让人想到的是一种关系风格——作为故事板的发明者，故事在他们的电影、游乐园和整个品牌组合中扮演着关键的角色。最后，一些公司可能有实用风格，例如丰田公司。丰田方式是一套专注于持续改进和消除浪费的原则，与过程和行动相关联。

竞技高尔夫主要在五英寸半的球场上进行，也就是你两耳之间的空间。

——鲍比·琼斯

4. **团队合作**。世界上最好的高尔夫教练在三种回答方式的沟通上都很出色。然而，即使是他们也会与其他人合作，以便提高他们的沟通效率。例如，我采访的一位顶级高尔夫教练表示，他精通"高尔夫物理学"，这可以映射到分析型风格。然而，这位教练也表示他不是心理学家，他会寻求运动心理学家的帮助。在这方面，学科专长和沟通可能是交织在一起的，因此，你需要其他人成为你沟通团队的一部分。考虑另一个例子，沟通团队工作在销售中是有效的。在销售 B2B 软件这个复杂的过程中，销售代表可能非常善于讨论销售和买方组织之间的一致性（与分析风格有关），也是一个天生的讲故事者（与关系型风格有关）。然而，计算机科学家可能最会演示产品，并详细讨论产品的特点和功能。重要的是，销售代表和工程师都要参加客户会议，这样才能涵盖所有三种沟通风格。

第八章

高答商实践 5：根据背景回答

背景，背景，还是背景。

——布莱恩·格利布科夫斯基博士

环形图上的六个重点答案中的每一个都是由背景组成的。背景的内涵包括：①对答案的客观（理论、概念、过程）和主观（故事、隐喻、行动）偏好；②传统的背景是一个直接的命题，即背景作为时间（何时）和地点（何地）对每种答案类型都有影响；③背景对每种答案风格（分析型、关系型、实用型）的独特影响；④作为背景的答案——在对话中关注的六种答案类型被嵌入背景中并被这六种答案类型塑造。

房地产界的格言是"地段，地段，还是地段"。这强调了地点的重要性。迈尔斯·戴维斯曾经说过："时间是唯一重要的东西。"可以想象，当他的小号打破了由其他爵士乐团精心设计的沉默时，他演奏的完美时机体现了"何时"的重要性。就像任何一个购房者或音乐会观众一样，我们知道时间和地点的重要性。

第二章介绍了背景（何时／何地）作为对世界的主观和客观导向，在高答商实践 2：回答两次（见第五章）中进一步探讨了这个分歧，在该实践中，个人被鼓励回答两次重要的"是什么""为什么"和"怎么做"型问题，以便吸引左右脑。我们的左脑偏爱理论、概念和程序答案。右脑具有主观性、创造性和随机性。我们的右脑更喜欢故事、隐喻和行动。

本章探讨了背景的其他方面。我慢慢地开始朝着更激进的关于答商和背景的想法发展。第一，背景的观点被拓宽，背景被视为时间（何时）和地点（何地）。如果你想要在面试中得到工作，那么每个面试答案都必须反映出传统的工作环境、时间和地点，这可能不需要太多的说服力。例如，公司对你的回答有什么影响？或者时间（例如年、月、日）对你的回答有什么影响？是经济衰退，还是因为竞争对手而失去了两名员工？在这个意义上，嵌入传统背景（时间和地点）的答案是一个直截了当的命题。

第二，对于三种回答方式（分析型、关系型和实用型）中的每一种，我们都以更具体的术语讨论了背景的影响。

第三，也是最根本的一点，我们建议以背景即答案（故事、隐喻、理论、概念、过程、行动）来取代背景即时间地点的传统观点。这可能会让你想起电影《成为约翰·马尔科维奇》（*Being John Malkovich*），其中演员约翰·马尔科维奇扮演自己，坐在一家餐厅里，周围是其他顾客和工作人员，他们都是约翰·马尔科维奇。例如在面试过程中，最好的故事之所以是最好的，是因为它不可避免地与其他求职者的较差的故事答案相比较。本章最后介绍了根据背景回答问题的高答商实践的含义（图 8.1）。

传统背景：时间和地点

背景的一个重要且不言而喻的方面是时间（何时）和地点（何地）。此外，我怀疑是否有人会反对传统的背景观点，即时间和地点，对答案很重要。你被从大厅带到了面试室，在那里你正在等待面试官。你研究了这家公司，你知道他们有员工流失问题。你做了一个深呼吸。然后，面试官进入房间。面试开始了。面试官问了一些尖锐的问题："我们为什么要雇用你？"你做了功课。你带着你最好的员工流失率理论和你作为经理减

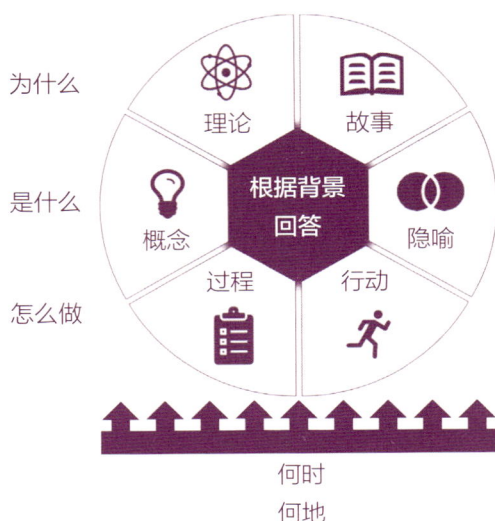

为什么

是什么

怎么做

理论　故事

概念　根据背景回答　隐喻

过程　行动

何时
何地

图 8.1　所有六种答案都必须反映出背景（何时，何地）

少流失率的最好的故事（你回答了两次，高答商实践 2，见第五章），一针见血。想象一下，背景改变了，公司有绩效问题。没问题。你做了你的功课。你带着你最好的绩效理论和你作为经理人改善绩效的最好故事，一针见血。求职面试的例子说明，任何一个面试的背景都是不同的，在竞争激烈的职位面试中，如果你想得到这份工作，所有六个答案都必须反映背景（例如具体的面试官；宏观经济因素，例如失业率）。不言而喻的意思是——至少对我来说是这样，我想对你来说也是这样——在所有重要的对话中，你都需要调整你的答案，以反映特定的面试背景（时间和地点），从而使效率最大化。

背景对回答风格的影响

对背景进行更精细的分析表明，背景对三种回答风格都有不同的影响。

分析型背景

分析型背景代表了背景对理论和概念答案的影响。社会学为分析型背景提供了几个含义。第一，背景很重要，因为背景中的统计变量改变了与正在研究的理论和概念相关的意义。作为一名研究人员和顾问，我已经向客户提供了几十份反馈报告。在每项研究中，理论和概念都是通过统计调查来研究的。在每项研究中，结果都是根据一系列的统计标准（例如，组织的级别、国家的地区、部门、工作职能、组织的任期）来汇报的。这些部分中的每一部分都可能揭示出组织内的统计学上的重大差异以及它们与所研究的理论之间的关系。例如，在一家跨国食品制造公司，员工参与度在一个国家很低，而且员工参与度与工作绩效和员工满意度（对组织来说是两个重要的结果）有统计学上的关系。毫不奇怪，员工参与度（一个概念答案）在随后的培训中被强调。

第二，当我在给组织做反馈报告时，在某个部分发现了统计学上的异常（例如，员工参与度在某个国家很低），这就成了推测实质性理论和概念的机会（并可能在随后的研究中进行考察）。例如，也许员工参与度低是因为该国的主管支持度低（主管支持度→员工参与度；理论答案），因为该国的控制范围更广（更多员工向经理报告）。通过这种方式，细分变量（例如国家）往往是实质性变量（例如主管支持度）的代理变量。通过理解背景，一个组织可以更好地理解理论之外的方面，或使用背景来指出理论强调的领域。

更多关于背景的统计影响的信息

在统计学上，背景可以通过几种方式形成意义。①各部分平均数的变化：较低或较高的平均数可以表明劣势或优势（例如先前的参与度例子）。

例如，如果参与度的分数有很大的波动范围，那么这可能表明那些参与度低的人可能会模仿或学习那些参与度高的人。例如，在不同的背景下，参与度和工作表现之间的相关性可能在统计上有所不同。在员工选拔研究中，外向性（一个人格变量）与销售职位的工作表现的相关性要强于非销售职位。如果一种关联性在一种情况下比另一种情况下更强，那么这表明这种关系在前一种情况下更重要。②临界点。例如，当女性董事的数量达到或超过三人的临界点时，女性在公司董事会中的影响就会发生变化。前面两个与背景有关的统计数据的影响旨在说明问题，并不包括所有情况。

除研究分割变量以外，我们还可以将背景中的实质性变量直接纳入理论。这被称为多层次理论。例如，在幼儿园到 12 年级的教育中，一个重点是教学质量。在一个简化的形式中，相关理论是：教学→学生学习。然而，教育研究中的一个背景干扰因素是社会经济地位的影响。较富裕的家庭可以在情感上、身体上、经济上和技术上支持学生做好学习的准备。例如，在新冠疫情期间，当学生过渡到居家学习时，只有五分之一来自较富裕社区的学区报告说缺乏技术是一个"主要"问题，而来自低收入家庭的学生报告技术问题的比例更高。换句话说，尽管社区贫穷，但是来自贫穷社区的学生在学习吗？贫困地区的教师是否超过了富裕地区的教师的表现？在多层次研究中，研究人员可以使用先进的技术进行统计检查，例如分层线性模型，在多个分析层次上划分方差，包括背景的影响。总之，多层次理论纵向扩展了概念和理论的答案，包括背景中的那些变量。

关系型背景

故事和隐喻的背景是一个人将个人经历转化为意义的建构行为。默认情况下，经验是没有组织的，是模糊的，而且多得数不清。从原始经验的混乱中，一些事件、经验凸显出来，成为意义的焦点。具体来说，意义建构决定了故事和隐喻是否会被相信和产生共鸣。

可信性是指一个故事或隐喻在多大程度上与日常经验相一致，它是否包含了更多的数据，并能抵制批评。例如，如果销售额意外地下降了50%，那么从销售经理到普通销售人员的乐观故事可能缺乏可信度。没有一个单一的清单可以用来测试一个故事或隐喻的可信度。更为复杂的是，可信度在不同的群体之间也会有所不同，比如员工和经理，因为他们各自有不同的经历，并且强调经历的不同方面。为了说明文化变革背景下的可信经验，一项研究发现，当故事与组织氛围一致、有数据支持、促进正在进行的项目、减少冷漠、满足对准确性的感知以及暗示令人兴奋的未来时，这些故事就更加可信。可信性也与人性的规律有关，那些与理论相关的规律。好莱坞最好的编剧之一和著名电影写作教练罗伯特·麦基认为所有类型的电影都必须符合人性的规律（例如，理解贪婪、动机、领导能力或任何与电影相关的概念），否则电影将被认为是不可信的。有趣的是，根据罗伯特·麦基的说法，合理性在科幻小说类型中是最重要的，科幻小说（例如外星人、超能力、奇怪的世界）要求灌输在外星人和人类身上的人性规律是现实的。作为一条经验法则，如果在对一个故事的回应中，有人说"这很有道理"，那么这个故事就是合理的。

为了说明何为合理性，我在课堂上与学生分享了一个关于变化的比喻。我告诉他们，变化就像一个人站在绳索桥的中心。顽固的是，如果桥着火了，这个人也不会离开桥。只有当绳索被切断时，这个人才会开始考虑离开这座燃烧的桥。我问我的学生，这个比喻是否与他们的经历一致。一堂课下来，几乎所有的人都会举手，学生会分享关于厌恶改变的具有普遍性的共同经验。然而，每隔一段时间就会有学生拒绝这个比喻，因为他们的经验不同。例如，许多学生使用盖洛普公司的克利夫顿优势评估法。这种方法和类似的变革方法的前提是，变革可以建立在优势之上，这与燃烧和切断桥梁的隐喻所唤起的将变革作为修复问题的做法非常不同。鉴于这种积极的变革经验，燃烧和切断桥梁的隐喻可以被认为是不可信的。

另外是关于身份。我们以与我们的身份相一致的方式建构意义。叙事认同已经成为一个主导性的研究视角，探讨了个人如何通过故事来理解自己。简而言之，所有的故事都是通过我们自己的身份来理解的。例如，对权力有需求的人倾向于发展关于他们自己的故事，这些故事的主题包括自我超越、地位和胜利、成就和责任以及授权。如果你曾经参加过竞争部门之间的预算会议，一个有赢家和输家的会议，那么它往往会变得高度紧张。一个部门的人将讲述一个身份一致的部门故事，申请更多的预算是为了证明他们的地位。相反，其他部门的人往往不会被这个故事所动摇，因为他们有不同的部门和个人身份。但身份过滤排除了故事之间的相互影响。和故事一样，隐喻也是通过身份过滤来理解的。例如，在关于创业的研究中，企业家经常把自己看作英雄，因此他们更喜欢战士、超人、探险家和斗士这样的隐喻。

实用型背景

实用型背景代表了背景对过程和行动答案的影响。质量管理是关于一系列方法的集合（例如全面质量管理、六西格玛、业务流程再造），它们集中在三个方面——人、技术和过程。这三个方面代表了答商过程和行动实施的背景。人的背景聚焦于人类行为，例如持续改进、团队合作、授权、高层管理承诺、民主管理、满意度和文化改变等话题。这些方面与答商理论有重叠，它强调的是人的理论。技术背景代表了技术在完成工作中的角色。例如，随着视频会议技术的出现，虚拟会议（一项行动）成为可能，而在前几年，会议必须是面对面的或音频会议。最后，流程背景与单个员工、团队和整个组织如何完成工作有关。例如，如果市场营销员工在一个职能结构中工作，这意味着所有市场营销员工都以一种集中的方式在项目中工作。相反，如果该营销员工在事业部结构中工作，那么营销资源会跨部门分布，职能资源会在各部门之间重叠。职能和部门结构是营销员工工作的背景。在职能结构中，市场营销员工将执行更专业的工作，在事业部结构中，员工将逐渐成为多面手。

背景即答案

真实的地方从不存在于任何地图之上。

——赫尔曼·梅尔维尔

背景（何时何地）传统上被视为时间和地点。然而，真正的背景代表了与时间和地点相关的知识（例如想法、信念和行为），这些知识塑造了对话。在本章的前半部分，背景被介绍为 2020 年（何时）的 ABC 软件公司（何地）。然而，真正的背景是关于特定的离职或绩效问题的背景知识，它为面试中提供的特定理论和故事提供依据。换句话说，离职问题可能是一个在招聘组织内讲述的警示性故事（故事答案），也可能是一份参考性强的内部备忘录，其中有关于离职问题的统计数据（理论答案）。

在上一节中，社会学、个人经验和质量管理分别作为塑造分析型、关系型和实用型背景的因素被讨论。对背景因素的讨论可能很多，我们很快就会感到头晕目眩。幸运的是，让背景变得易于管理的方法是用六个答案来思考它——正是我们已经讨论过的六种答案（理论、概念、故事、隐喻、过程、行动）。例如，在关于领导能力的焦点对话中（辅导者和被辅导者之间），被辅导者将评估辅导者分享的一个特定的领导能力的故事，与被辅导者持有的其他领导能力的故事进行对比。对于一个给定的领导能力理论，比如说仆人式领导能力，我们将对照其他理论（在背景中）进行评估，比如路径目标理论。以此类推，焦点对话中的六个答案（对话答案）都可以对照背景中的答案（背景答案）进行评估。

会话中的答案可以与背景中的答案对称。所谓对称，我是指对话中的答案与背景中的答案是同一类型的（例如，理论—理论）。上一段中的例子都是对称的。例如，仆人式领导理论（对话答案）与路径目标理论（语境答案）进行了比较。此外，对话中的答案与语境中的答案可以是不对称的。所谓不对称，是指对话中的答案与情境中的答案是不同的类型（例如，理论—故事）。延伸之前辅导者和被辅导者的例子，辅导者在对话中提出的仆人式领导的理论，可以对照与被辅导者身份相关的故事来考察。也许仆人式领导的理论会引起被辅导者的共鸣，因为他的故事与仆人式领导有相似的主题。因此，背景中的六种答案类型中的任何一种都可以影响焦点对话中的六种答案类型。在任何特定的对话中，确定与对话中答案最相关的背景答案是很重要的。例如，我班里的一个学生可能对仆人式领导理论有强烈的信念。这个理论作为背景，可能会影响我在课堂上讨论的关于领导能力的六个答案的解释。我讨论的一个领导能力隐喻可能会被拒绝，因为它与学生的领导能力理论不一致。如果我不考虑答案背景（例如，仆人式领导），那么六种对话答案类型中的任何一种都可能被拒绝。

高答商实践的含义

1. 传统的背景（没有人会反对）是很重要的。正如本章中的求职面试例子所示，六个面试答案中的每一个都存在于一个背景中，即何时（时间）和何地（地点）。在这个例子中，何地是 ABC 软件公司，芝加哥的一家特定公司，何时是 2020 年。这一点与对背景的一般和直接的看法是一致的。

2. **分析型、关系型和实用型背景**。在第七章中，我们概述了三种答案风格，每一种都有不同的目的。分析型风格的目的是解释和预测，关系型风格的目的是建立个人联系，而实用型风格的目的是把事情做好。与这些目的相对应，每种答案风格都有一个独特的背景，与每种答案风格的目的相对应。理论和概念受到分析型背景的影响，而分析型背景是由社会学以及统计学和多层次理论的影响形成的。故事和隐喻受到关系型背景的影响，而关系型背景是基于个人经验和感觉形成的。最后，过程和行动受到实用型背景的影响，而实用型背景是由质量管理形成的——对人、技术和流程的关注，以便完成工作。拥有高答商的人将理解并回应分析型、关系型和实用型背景的微妙之处。

3. **背景即答案**。尽管作为何时何地的背景是直截了当的，但人们可能会不清楚背景的影响究竟是什么。正如赫尔曼所言："真实的地方从不存在于任何地图之上。"因此，地点（和时间）是背景中实质性变量的替代变量。观察时间和地点本身并不能为具体的实质性变量提供指导。分析型、关系型和实用型背景是含有信息的，但是每一种背景的影响都会变得很复杂，在日常生活中很难操作。

例如，关系型背景认为故事和隐喻是根据个人经验来解释的。没有什么比重要的自我故事更具有个人色彩的了，这种故事被称为自传式叙事，它对个人事件或个人的整个生活有意义。因此，背景中的个人故事可以被用来解释任何给定的对话故事。背景中的六种回答类型，每一种都对称地反映在对话中（例如，理论—理论）。此外，语境中的每一种回答类型都可以不对称地影响焦点对话中的一个回答（例如小说理论）。例如，作为一名顾问，我意识到我必须了解关键利益相关者关于项目的个人故事，作为背景，因为这些故事通常塑造了我与客户讨论的对话答案。例如，一个客户通常不会接受在谈话中讨论的一个理论，这与他们个人叙述的背景是对立的。

高答商的人会理解背景中的所有六种答案，以及哪个背景答案对主要对话影响最大。

4. 强背景和弱背景。在社会科学中，强背景和弱背景是有区别的。强背景就像红灯，每个人都被期望做同样的事情（例如停止）。相比之下，弱背景就像黄灯，行为规范没有那么明确；谨慎的人可能会停下来，胆大的人可能会快速通过黄灯。在类似的意义上，背景会因为答案的潜在纬度而变化。例如，公司的销售部门与供应商使用了新的客户关系管理软件，可能之前没有使用客户关系管理软件的经验，在这种情况下，他们更有可能批准供应商推荐的任何程序（例如通过销售漏斗实现的工作流自动化）。然而，如果销售部门有丰富的客户关系管理软件经验，那么新的软件程序可能是一个红灯环境，他们希望软件程序与他们熟悉的和有效的程序一致。高答商的人能够识别出影响焦点答案的弱背景和强背景，从而知道答案在何时何地具有更大的自由度。

5. 间接背景和直接背景。背景就像房子里的间接照明和直接照明。间接照明用于照亮更广泛的区域，它均匀、和谐地照亮物体，并提供氛围。例如，一个孩子的房间将以间接照明为特色，有一个大的天花板灯。相反，直接照明是用来照亮特定的物体。一个小台灯可以以一种定向照明的形式，在孩子做家庭作业时使用。

答商背景就像间接照明和直接照明，照亮焦点物体。在答商中，焦点对象是六种答案（故事、隐喻、理论、概念、过程、行动）。间接照明照亮更广的区域，更多的答商答案。相应地，背景作为客观和主观导向的答案是间接照明的一种形式。客观导向是对三个答案的广泛偏好：理论、概念和过程。主观取向是指对三个答案的偏好：故事、隐喻和行动。本章介绍的另一种形式的间接照明，比客观/主观导向的影响更广泛，是传统的背景，背景（时间和地点）很重要，没有人会反对。例如，在求职面试过程中，如果招聘公司（在那里/地方）存在人员流动问题，求职者能够提供反映这六种情况的所有答案，就很可能会增加他得到这份工作的机会。回答风格背景（分析型、关系型、实用型）引入更多的直接照明。灯光是更直接的，与回答风格相关。最后，背景即答案是最直接的照明，并且能够影响任何给定的焦点答案（故事、隐喻、理论、概念、过程、行动）。

对于适当的照明，应该使用间接照明和直接照明。同样地，对于高答商，间接和直接的内容都应该说明重点问题的答案。

第九章

高答商的行为指标和认知指标

这是本书第二部分的最后一章。到目前为止，我们的重点是五项高答商实践。我认为，这五项高答商实践中的每一项都是高质量答案和沟通技巧的指标。例如，当一个沟通者能够对三个主要问题（是什么、为什么和怎么做）分别提供两个有效的答案时，她的高答商实践2（回答两次）就是有效的。事实上，这五项高答商实践是对世界顶级高尔夫教练进行学术研究的结果，所以这些发现在专家沟通技巧方面是有价值的。

然而，将高答商的讨论扩展到答商研究本身之外是有益的。在本章中，我采用了沟通学者约翰·格林博士提出的沟通技巧的认知和行为指标作为我们讨论高答商的基础。这些沟通技巧的认知和行为指标被应用到高答商中，提供了外部和独立的标准来评估什么是高答商。

高答商的行为指标

高答商的四种行为指标都可以在五种高答商实践中得到验证。下面将对高答商的行为指标进行说明性讨论。

精确

高水平的沟通者有更高的准确性。专家不会犯那么多错误。我和我的同事采访过的一位高尔夫教练，曾经教过《高尔夫文摘》前100名和《高尔夫杂志》前 50 名名单上的其他几位教练，因此他是专家中的专家。即使在我们采访他的时候，也可以看出他对隐喻很精通。我们问他，在高尔夫球场上他对每个客户的隐喻是否都是正确的。他回答说："是的！"此外，他还说，如果他弄错了（这不太可能），他将有另一个隐喻来说明他的观点。想象一下，如果你对每个沟通对象都有正确的隐喻。

五项高答商实践中的每一项都有标准，根据这些标准来确定准确性。例如，"提供最佳答案"（高答商实践 1）以一个简单但不确定的目标开始——你能提供六种答案吗？作为一名教授，我使用高答商练习 1 为每节课做准备。如果当天的主题是谈判，那么我将为课堂讨论做准备，为该主题制定六种答案。例如，整合式谈判是一个重要的理论。作为一名教授，我一直强调理论。实践 1 使我能够扩大我的答案集，避免盲点，并以全面理解为目标。我将提供一个学生如何利用综合谈判获得工作的故事。在好奇心的驱使下，我将讨论使用综合谈判的程序和行动。在此过程中，我将确保对综合谈判进行定义（概念答案），并提供一个隐喻。在为每一个课堂主题做准备时，我都会制定六种答案。通过这种方式，我准备了准确的答案。

快速

速度与技能相关联。在你最喜欢的海鲜餐厅，最熟练的剥牡蛎者剥得最快。在律师事务所，最资深的合伙人工作得更快（尽管他们的收费更高）。我们采访的一位顶级高尔夫教练夸赞说，在第一堂课的五分钟内，学生将学到一些东西，从根本上改变他们的挥杆。高答商的人工作速度更快。

以下是专家效率更高的两个原因。第一，专家有更多的知识基础可供利用，这使选择变得更容易。第二，他们知道哪些方法最适合完成任务，避免无效的任务，并简化工作，从而提高速度。

鉴于谈话的时间限制，速度很重要。例如，电梯演讲是对一个想法、产品或公司的快速概述。顾名思义，从一楼开始的电梯推介应该在电梯上的人到达目的楼层时结束。可以说，电梯演讲与故事有着最密切的联系。速度对于接受度也很重要。在电影中，一个场景很快就过去了，你会随着电影的主题、一个重要的人物发展或情节的转折而被卷入其中。在现实世界的对话中，如果一个答案发展缓慢，那么势头可能会消散。当你针对一个问题同时提供多个答商答案时，速度可能尤为重要。想象一下，面试官问："我为什么要雇用你？"求职者意识到这是一个重要的问题，可能会通过提供一个理论和故事来回答两次（高答商实践2）。求职者需要更多的时间来解读两个答案，而不是只有一个答案。重视回答的速度，这样面试官就不会觉得前后对话的正常节奏被破坏了。在极端情况下，缓慢的回答节奏，再加上冗长的答案，会使对话变成求职者漫无边际的独白，这根本就不是对话。在回答"我为什么要雇用你"的问题时，求职者可能会通过提供一个理论（重点答案）和两个相邻的答案（概念和故事）来提供互补性的答案。

灵活性

专家有更高的灵活性。与高答商相关的一种适应性是发展更抽象的知识结构的能力。从答商环形图的底部到顶部，答案类型变得更加抽象。在环形图的底部，程序和行动答案与程序性知识有关。接下来，概念和隐喻与陈述性知识有关。最后，在顶部，理论和隐喻与结构性知识有关。更抽象的知识可能会增加答案的灵活性。例如，ABC公司的销售代表通常提供折扣以便赢得交易。想象一下，如果一个新的竞争对手进入市场并提供更高的折扣，那么 ABC 公司的折扣就不再有效了。为了展示行为的灵活性（识别新的销售策略），销售代表需要了解新的概念，以便在销售过程中有所侧重。也许销售代表可以强调效率（一个不同的概念），并制定销售策略（行动）来展示他们的产品效率。以类似的方式，概念与理论可以相互嵌套。效率是销售代表需要关注的一个好概念，因为在不考虑价值理论的情况下，效率与销售代表关心的结果有很大关系（效率→客户成功；一个理论答案）。如果效率确实对客户的成功很重要，那么确定与效率相关的行动是有意义的。

在"提供补充答案"（高答商实践 3；见第六章）的强烈形式中，我将专业知识与将任何给定答案转化为所有其他答案的能力联系起来。例如，如果你讲了一个故事，那么这个故事可以被重新构建为一个隐喻、理论、概念、程序或行动。这种答案的灵巧性有利于对话的流畅性和答案的经济性。例如，如果一个故事是关于一个行动的，那么当对话中关注一个后续行动时，这个行动就可以在之前的故事的背景中找到，以便于解释。

灵活性还表现在回答风格上（高答商实践 4；见第七章）。随着对话的开始，可能会发现对方有一种主导的回答风格。也许对方是分析型的，偏重于理论和概念。那么灵活的沟通者就会适应对方的分析性回答风格，在谈话中趁机加入理论和概念的回答。此外，沟通者可以通过意识到他们有一个主导的答案风格，比如说实用风格，并寻找方法提供其他答案风格（分析型和关系型）来为对话提供平衡，从而展示灵活性。

此外，在具体情境中回答问题时也需要灵活性（高答商实践 5；见第八章）。随着环境的变化（公司有人员流动问题，到公司有业绩问题），如果求职者想要得到这份工作，那么这六种答案必须改变。

最后，随着谈话话题的变化，高答商表现出灵活性。在工作中，谈话可能围绕"工作绩效"（工作绩效答商），提供六种答案的能力（高答商实践 1）是很重要的。然后，走到大厅，一个新的对话可能是关于"辅导"（辅导答商），而另一个对话可能发生在家里，关于孩子做家庭作业时的"学习"（学习答商）。在这三个对话中，答商高的人可以在不同的话题中使用答商高的做法（1—5）来有效地沟通。例如，答商高的人意识到，为什么问题可以用理论和（或）故事来回答。因此，这种知识成为动态组织知识的原则（例如，故事大全），并为任何对话导航。因此，答商是一种可推广的技能，可以改善沟通，而不受话题影响。

<h2 style="text-align:center">多任务处理</h2>

你可以一边走路一边嚼口香糖。你认为这是理所当然的。熟练的一个标志是能够同时无缝地执行多个任务。例如，一个职业篮球运动员可能会在练习中分别练习不同的技能——投篮、篮板、传球、运球——而且在比赛中这些技能可以同时使用，比如一个篮板手可以在球从篮板反弹后将球击入篮筐（创造一个同时的篮板和投篮），或者连续快攻，因为快攻是一个从防守到进攻的无缝过渡。这种多任务的表现是高答商的特点，因为随着对话的展开，高答商练习会快速地连续使用。此外，高答商实践同时发生。例如，高答商实践 1 可以认为一个"为什么"型问题可以用理论来回答。同时，根据背景回答（高答商实践 5）也是相关的，因为理论答案需要反映背景（行业、经验或其他一些背景因素也许是相关的）。

高答商的认知指标

高答商的两种认知指标都可以在五种高答商实践中得到证明。下面将对高答商的认知指标进行说明性讨论。

认知努力

专业知识与较少的认知努力有关。我们的大脑很强大，但它的能力有限。如果活动很费力，大脑就会变得紧张，陷入困境。练习（五项高答商实践）有助于加深对答商和沟通主题的了解，有可能使对话不那么费力。例如，任何积极寻找新工作的人都知道，随着多次面试的进行，随着你对可能出现的问题和你的答案更加熟悉，随后的每次面试都会变得更加容易。一般来说，答商也是如此，作为五项高答商实践的框架，实践和经验越多，谈话就越不费力。

非凡的行为体验

专家往往不知道他们操作的知识结构（例如陈述性、程序性和结构性知识）。随着技能的提高，他们开发了能够自动判断、检索信息和程序的脚本。这与任务的自动化有关。在骑自行车的过程中，一开始你会有意识地想到每一只脚，并在踏板上施加压力，也许会在脑海中默念"左，右，左，右"。但是，正如哲学家约翰·塞尔指出的那样，一旦你学会了如何骑自行车，你便不会再用初学时的方式骑车。换句话说，一旦你学会了骑自行车，这个过程就会自动进行。五种高答商实践同样可以自动实现。在与世界顶级高尔夫教练进行初始答商研究的验证阶段，我们与顶级高尔夫教练分享了答商环形图。一直以来，高尔夫教练一开始并没有意识到他们提供了六种答案。但接触到这种沟通模式后，他们认为这确实反映了他们提供答案的能力。总之，随着对五种高智商练习的熟练程度的提高，它们将成为自然和第二天性，并在正常的对话中退居为意识的背景。

第三部分

答商对话

答商是容器和所包含的事物。就像一个可以容纳任何液体的容器一样，答商代表了五种高答商实践，可以用于任何对话。本书第三部分研究了几个答商对话，这些对话代表了从答商的角度分析的不同主题。具体来说，以下对话在不同的章节中被研究：

- 面试答商（第十章）
- 销售答商（第十一章）
- 教练答商（第十二章）
- 品牌答商（第十三章）
- 财富管理答商（第十四章）
- 医疗答商（第十五章）

这些章节的目的是说明五种高答商实践的例子。此外，还将涉及新的领域。为了提供真实性，我与一位主题专家共同撰写了每一章。此外，有几个章节还进行了额外的采访。

最后，第三部分以"学习答商"（第十六章）结束。这一章提供了额外的思考，即沟通者如何能够学习答商并提升任何重要的对话。

第十章

面试答商

布莱恩·格利布科夫斯基博士

人力资源公司 LaSalle Network 创始人兼首席执行官汤姆·金贝尔

汤姆·金贝尔是 LaSalle Network 的创始人兼首席执行官。LaSalle Network 是一家总部位于芝加哥的人力资源、招聘和文化公司。LaSalle 连续 12 年被被评为"增长最快的公司 5000 强",名列《财富》杂志"芝加哥最适合工作的公司"和"最佳中产工作场所",《福布斯》杂志"最佳专业招聘公司"以及《公司》杂志"最佳工作场所"。

汤姆·金贝尔拥有超过 25 年的行业经验,是全美知名的销售、招聘、企业文化和管理方面的专家,为《公司》和《华尔街日报》供稿。汤姆·金贝尔还经常出现在美国消费者新闻与商业频道、彭博社、早间秀《今天》以及《纽约时报》《快公司》《企业家》《财富》等媒体上。

章节贡献者

感谢接受本章采访的一位匿名的中北大学会计专业学生。为了尊重她的隐私,她在本章中化名为贝丝。

章节小结:本章的重点是面试答商(图 10.1)。具体来说,这一章探讨了答商如何改善面试准备和实际面试。这一章是由人力资源教授(布莱恩·格利布科夫斯基)和人力资源公司首席执行官(汤姆·金贝尔)合著的。为了体现真实性,这一章的特点是一个求职者(贝丝)的反思,她成功地利用面试答商获得了一份工作。

为什么　理论　故事
是什么　概念　面试答商　隐喻
怎么做　过程　行动
何时
何地

图 10.1　面试答商是指求职者在与招聘机构的对话中回答问题的能力

主要读者：任何求职者都应该阅读这一章。此外，本章还将探讨面试官如何更好地进行面试。

次要读者：面试是一个开始。持续的社会关系都有一个开始。总会有第一次约会，第一次客户意向会议，项目启动会议。本章提供了对重要的第一次对话进行概括的见解。

我在比赛中接到的每一次传球，都是平时在训练中接球 1000 次的结果。

——唐·赫特森

无论在体育运动还是面试中，练习就像游戏。工作面试（游戏）是一场涉及问题和答案的对话。同样地，模拟面试（练习）的重点是提问和回答问题。因此，在本章中，我们将讨论几个答商的含义（如何改进答案），这些含义通常适用于准备和实际面试，无论我们是否在本章中讨论这两个含义。

为了体现真实性，我们考察了大学生贝丝如何使用面试答商。贝丝是布莱恩·格利布科夫斯基的本科组织行为学课程的学生，在那里她了解了答商，并参加了面试答商数字评估。此外，布莱恩·格利布科夫斯基还提供了一对一的面试答商辅导，因为她准备在一家会计师事务所赢得一个竞争激烈的会计实习职位。面试过程包括三轮：同步（双向）视频面试、异步（单向记录答案）视频面试以及同步视频复试，有两轮是单独面试。复试原本应该在芝加哥办公室进行，但由于新冠疫情，所有面试都转到了网上。剧透一下，她得到了这份工作。

列出问题和答案

面试问题会引起焦虑，例如"你能告诉我关于你自己的情况吗"或"你认为三年后的自己在哪里"。这种焦虑可以通过在面试准备期间确定潜在的问题来部分缓解。在谷歌上搜索"面试问题"，你会发现许多面试问题清单。然而，即使你确定了可能的问题，焦虑也只能通过了解这些问题来部分缓解。为了完全平息面试的紧张情绪，你需要确定令人信服的答案。答商对求职面试准备的主要贡献是确定六种类型的答案（故事、隐喻、概念、理论、过程、行动），例如高答商实践1（见第四章）所述。例如，如果求职者想准备好回答关于创造力的问题，准备好六种关于创造力的答案，就可以让求职者准备好回答各种问题（为什么、是什么、怎么做）。面试官可能会问："创造力对你意味着什么？"求职者可以用一个概念（通过定义创造力）或一个隐喻来回答。另外，也许面试官想探讨战术问题，于是问道："你的创意过程是如何进行的？"求职者可以用一个过程来回答。总之，通过对所有六种答案类型的准备，求职者可以准备讨论任何话题，并对可能出现的任何问题提供答案。

贝丝的观点

问题多得数不清。在不了解答商之前，这些问题很吓人。你要么能给出一个好的答案，要么不能。在了解答商之后，即使你之前没有了解过某个问题，你也可以从六个答案类别（故事、隐喻、理论、概念、过程、行动）来思考。这彻底改变了我的准备工作。我变得更冷静了，对面试问题的准备也更充分了。

真实的答案

要想被录用，求职者需要具备与招聘决策相关的知识、技能和能力。就我们的目的而言，我们将考察技能。求职者会反思自己与工作相关的重要技能。例如，根据领英的《全球人才趋势报告》（2019），92% 的人才专业人士表示，在招聘过程中，软技能（例如领导能力、团队合作、谈判）与硬技能同等或更重要。具体来说，求职者应该识别出真正的软技能。如果你还记得你的童年，那么在新学年的第一天之前，你的母亲或父亲可能会说："做你自己。"这条明智的建议适用于开始上学、第一次约会、工作面试，甚至可能是最重要的持续社交关系的开始。

做自己，或者说展现真实的自己，一直以来都是求职者关注的焦点。最初出版于 1975 年的理查德·鲍利斯著作《你的降落伞是什么颜色》的书名用求职者对降落伞颜色的选择来比喻最适合每个候选人的工作类型。当我们（布莱恩·格利布科夫斯基和汤姆·金贝尔）讨论面试答商时，布莱恩·格利布科夫斯基提出了"候选人的真实性"作为本章的潜在重点。他建议一个更好的短语是"人的真实性"。确实，这是一个微妙的但很重要的重新构建。当我们使用真实性这个词时，它意味着我们可以在求职面

139

试过程中戴上真实的面具。但是仍然有一层，即面具，它覆盖了潜在的面孔。汤姆·金贝尔的观点是，作为人类，我们应该一直保持真实，在家里，在面试过程中，在得到工作后。如果你在面试时需要考虑"真实"，你就不是真实的。在这个意义上，真实性与生活领域的一致性有关。在其他方面，真实性与跨时间的一致性有关。标志性的品牌之所以真实，正是因为它们在时间上的一致性——想想拉夫劳伦（Ralph Lauren）、古驰（Gucci）或博柏利（Burberry）等时尚品牌吧。

在答商术语中，我们认为一致的答案与真实性有关。在警察审讯之前，罪犯会"把他们的故事讲清楚"。在这个意义上，如果一个故事（一个答案）在不同的审讯中都能得到证实，那么它就是真实的，或者说是真实的。这表明，如果故事是一致的，那么被告是无辜的，如果故事是不一致的，那么被告是罪犯。在面试答商的背景下，我们不认为不真实的求职者是罪犯，相反，我们认为他们是肤浅的。想象一下，在一次面试过程中，求职者声称的第一项软技能是领导能力。从这个意义上说，六种答案类型（故事、隐喻、理论、概念、过程、行动）中的每一种都是对真实性的单独描述。总的来说，提供所有六种答案的能力与最真实的真实性测试有关。这与补充答案的强大形式是一致的——当所有六种答案相互补充时，它们会加强和肯定任何给定的答案（见高答商实践3：补充答案；第六章）。

一个不真诚的求职者也许可以单独准备一个问题："我为什么要雇用你？"他可以准备好一个软技能的答案，在这种情况下，也许是一个关于领导能力的故事（与所谓的第一软技能有关）。然而，一个不真诚的求职者将努力提供所有六种答案，因为每个答案都是一个门面，没有背后的东西。当面试官提出后续问题时，故事的表面就会出现裂痕：这个故事的寓意是什么（又称为理论答案）？你如何定义领导能力（概念答案）？那么，你从这个故事中得到了什么行为（行动答案），可以用来每天领导你的团队？如此等等，答案在对话中被探索和重温。正是通过这些对话，答案类型之间的一致性揭示了求职者的真实性。

为了让学生在面试过程中真实地交流软技能，布莱恩·格利布科夫斯基与数百名本科生和 MBA 学生合作，完成了面试答商数字评估。首先，学生被要求确定他们的第一软技能。评估结果往往缺乏真实性。例如，33% 的学生不能确定他们的第一软技能是隐喻，在其他情况下，学生不能确定其他可信的答案（故事、理论、概念、过程、行动）。同样地，我们认为，如果你不能确定所有六种答案类型，那么所谓的真实软技能在极端情况下可以用浅显的软技能一词来代替。

幸运的是，在所有六种与真实性相关的答案类型中，一致性的答案是可以培养的。求职者可以使用两种机制来增加他们回答的一致性：自我意识和自我调节。一般来说，自我意识包括通过内省、反思来认识价值、身份、情感和目标。用答商术语来说，真正的求职者会反思他们的第一软技能（例如领导能力），并试图找出所有六种答案（故事、隐喻、理论、概念、过程、行动）来证明他们的软技能。在确定了第一软技能之后，每一种回答类型都有可能成为真实的切入点。对求职者来说，自我反思中考察的第一个答案应该是突出而生动的，因为它会成为比较后续每个答案的定位点。在实践中，布莱恩·格利布科夫斯基发现从一个故事开始通常是最好的。因此，求职者会用一个引人注目的故事来展示他们的头号软技能。然后，求职者会系统地找出与第一个答案（故事）一致的另外五种答案（隐喻、理论、概念、过程、行动）。通过这个过程，真实性被揭示为六种答案之间的一致性。

理想情况下，六种完全强化的答案可以通过自我意识来确定。在实践中，这种理想并没有实现，求职者的真实性需要不断校准，自我调节是进一步完善答案的过程。自我调节包括设定内部标准（例如，理解高质量的答案）。通过评估期望答案和当前答案之间的差异，求职者可以有针对性地进行改进。例如，如果不能确定一个领导能力隐喻，那么求职者可以思考隐喻的定义（来自第四章），并在互联网上搜索，以便确定一个可以与他人产生共鸣的领导能力隐喻。

贝丝的观点

为了展现真实性，我将从确定我的候选人主题开始。我会想到我的第一软技能。此外，我还会想到其他常见的问题类型，比如说克服挑战。总的来说，我在面试前会准备一些主题。

接下来，我将对这些主题中的每一个进行分析，并制定所有六种答案类型。这样一来，无论问题是什么，我都会准备好真实的答案。

我的回答风格是什么颜色

冒着拷问"你的降落伞是什么颜色"的隐喻的风险，颜色的选择也延伸到了面试对话中，因为受访者和面试官都有喜欢的回答方式。有三种回答方式，红色、黄色和蓝色：红色为关系型（故事、隐喻），黄色为分析型（概念、理论），蓝色为实用型（过程、行动）。红色通常与情感有关，黄色在亚洲国家与智慧有关，而蓝色又称为蓝领，与实际工作有关。思考回答方式的速记法是心、脑、手（分别是关系型、分析型和实用型）。

我们相信回答风格在面试过程中很重要。在其他条件相同的情况下，求职者喜欢的回答风格会影响他们在任何特定情况下给出的答案。例如，我们都参加过会议，在会议中，每个人都有可能在任何情况下（当有危机、机会或仅仅是状态更新时）讲故事。这个人是关系型的，会默认采用故事和隐喻风格。或者另一个人，在会议中可以预见到，总是会提出下一步的措施，这个人很务实。第三个人想要讨论"大局"，并且在每次会议上询问其他人做出任何决定的理由，这个人有分析型的风格。如果这些相同的同事被移植到就业市场，那么作为求职者或面试官，相同的沟通风格将会形成有效的对话。

与之前关于人的真实性的讨论相呼应，应该鼓励求职者使用他们喜欢的回答方式。这对面试者来说是真实的。求职者应该认识到面试官喜欢的回答方式，并据此制定答案。这可以使对话对面试官来说是真实的。例如，在面试初期，求职者可能会注意到面试官会讲一个（或两个）故事，而当求职者讲故事时，面试官也会亮起眼睛，这都说明面试官有一种关系型风格。因此，求职者应该在整个面试过程中强调故事和比喻。

贝丝的观点

问答会让对话更加顺畅。了解问答的风格可以帮助我更好地理解面试官来自哪里，了解他们最关心的是什么。通常，回答一个问题有很多种方式。在提问题之前，我会尽可能地解释这个问题。问完问题后，我会思考面试官是如何解读这个问题的。我会思考回答风格。它们是分析型的、关系型的还是实用型的？我会根据面试官的风格来修改答案。

深度与广度

汤姆·金贝尔想找一个市场部的候选人。他和候选人进行了一场漫长的谈话，涉及许多不同的话题。应聘者在结果和成就方面打钩。采访本可以结束，但事实并非如此。汤姆·金贝尔感觉有些不对劲儿，接着问了一个问题，"这些工作都是你的团队做的吗？还是聘请了外部顾问？"应聘者回答 80% 是外部顾问。如果汤姆·金贝尔没有问接下来的问题，他就会错过关键信息。应聘者谈论的都是完成的工作，而不是谁完成了工作。客户需要一个可以在内部完成工作的营销总监。第三方顾问没有预算。市场营销候选人不合适。就程序和行动而言，谁来做这项工作是很重要的。

这个故事展示了面试深度和广度之间的权衡。任何给定的面试在可以涵盖的内容方面都是有限的，一种方法是肤浅地涵盖许多话题，另一种方法是深入地涵盖较少的话题。汤姆·金贝尔认为，对于一个招聘机构来说，最好是详细地覆盖较少的话题。不要问候选人背景的所有方面——每个工作、公司和年限，并询问是否适合招聘单位所确定的每项工作要求的问题。正如汤姆·金贝尔的故事所表明的那样，横向的对话，那些专注于广度的对话充满了肤浅性，难以评估答案的质量。

当答案从一个话题跳到另一个话题时，会出现两个相关的问题。首先，一个明显的问题是，任何给定的答案都是表面的，限制了面试官评估任何给定答案的准确性的能力。在最初的答商研究中，一位世界顶级高尔夫教练这样说："如果第二个隐喻不能击中目标，我就会把第一个隐喻说对。"从这个意义上说，求职者可以找到正确的隐喻，如果她有足够多的隐喻来描述一项软技能，那将是大有好处的。如果一个求职者只有一个故事，那又怎样，这没什么大不了的。他们有第二个或第三个故事吗？换句话说，如果对话是横向集中的，从一个话题跳到另一个话题，就无法探究每个答案的深度。

其次，如果涉及多个主题，那么任何一种答案类型与其他答案类型相关的可能性都较小。缺乏背景（其他答案）限制了评估任何给定答案的能力。真实答案是指六种答案中的任何一种都能够澄清或增强其他答案类型。例如，求职者可能会讨论他们对领导能力的定义（概念回答），然后迅速转向提供一个故事来说明。在这个过程中，故事答案为概念答案提供了更多的深度。

贝丝的观点

我相信这六种答案都很重要。我的目标是传达我是全面的，这意味着提供所有不同的答案类型。如果你的谈话只是掠过表面，每个话题涵盖一到两种回答类型，那么你无法给人留下深刻印象。我会在面试过程中寻找机会，把所有的答案联系起来。你不能总是这样做，但你至少要有一个话题，所有的答案都能相互强化，这样面试官就能全面了解我作为候选人的能力和潜力。

结构化面试

与非结构化面试相比，结构化面试对未来工作表现的预测效果要好两倍。结构化面试的特点是对每个候选人提出相同的问题，并对每个问题的回答进行评分。结构化面试提高了面试官和求职者之间面试的公平性与准确性。我们认为，在目前的结构化面试方法中，答案并没有得到充分的重视。

让我们来看看布莱恩·格利布科夫斯基作为参与者所目睹的这个故事。布莱恩·格利布科夫斯基是一所大学的人力资源遴选委员会成员。在视频会议面试环节，我们的目标是将范围缩小到两名进入终试的选手。我们采用了基于经验的面试方法，向应聘者询问与他们当前工作相关的问题。其中一个求职者讲了很好的故事，非常吸引人。面试小组成员对她的评价很高。这个应聘者被邀请到学校。在一次市政厅讨论中，她回答了来自工作人员和教职员工的问题。她失败了。她继续讲有效的故事（展示关系型风格），但她在传达与分析型风格（理论和概念答案）相关联的人力资源战略方面是无效的，她也不熟悉与实用型风格（过程和行动答案）相关联的工作细节。总之，六种答案类型中有四种是缺失的。

事后看来，在视频会议回合中，遴选委员会的问题很笼统，没有区分答案类型（故事、隐喻、理论、概念、过程、行动）。例如下面的问题。

说明性问题：你会和你的下属一起花时间来提升他们的技能吗？

对于这种广泛的大问题，求职者可以使用任何类型的答案（故事、隐喻、理论、概念、过程、行动）。在这种情况下，故事似乎更有说服力。由于没有向求职者征集特定的期望答案类型，所以求职者可以自由地提供不同的答案类型，这就需要委员会在不同的求职者之间进行苹果到橘子的比较，造成了在不同的求职者答案之间进行比较时缺乏可靠性。

当遴选委员会给求职者的回答打分时（1= 差，2= 一般，3= 好，4= 非常好，5= 优秀），他们可以自由选择六种答案类型中的任何一种来决定分数。故事有可能比其他五种答案得到更高的评价，一个有效的故事会带来更高的整体分数，这样最好的故事更有可能获胜。

如果结构化面试的问题和（或）答案类型是明确的，那么她不可能通过视频面试回合。通过在提问中明确强调答商答案（考察所有六种答案类型，而不仅仅是故事），并对所有六种答案进行类似的评分，实用性答案（过程、行动）和分析性答案（理论、概念）的缺乏就会暴露出来。总之，从用人单位的角度来看，答商通过提出有针对性的问题（针对特定的答案类型），并在对问题的回答进行评级时明确说明所需的答案类型，有可能提高求职面试的效率。

贝丝的观点

如果面试官不怎么样，那么你仍然需要传达所有的答案。我会礼貌而坚定地提供答案，这些答案对评估我的求职资格很重要。如果有必要，那么我将为未被询问的问题提供答案。例如，如果他们不问我的理论，我就会提供。我想让他们知道我善于分析。如果他们不问我一个过程的步骤，我就会分享一个过程。我想让他们知道我对我的工作是深思熟虑的。

速战速决

在本节中，我们简要地指出一些常见的失败答商做法，以及在求职面试过程中如何避免这些失败。

举例不是答案

即使你已经尽职尽责地为面试做了准备，确定了六种答案类型，当你到了实际面试时，当问题开始纷至沓来时，你可能不确定该如何回答。例如，面试官可能会问："你能举个例子说明你是如何解决员工之间的冲突的吗？""例子"这个词是模糊的。面试官想要的是一个故事，一个过程，还是另一种答案类型？答商是一个技术框架，不是一个自然语言框架。你的工作（作为理解答商的人）是解释自然语言，并将其映射到技术框架中，以便辨别你需要哪种（些）答案类型。在其他句子的背景中，作为一个求职者，你可能很清楚一个例子的目的是一个故事。另外，作为一个精通答商的人，在提问时要避免模棱两可的术语。不要问一个例子。相反，要问一个故事、隐喻、理论、概念、程序或行动。再者，使用元对话来确定想要的答案。例如，一个求职者可以问面试官："你想让我分享一个故事吗？"这种类型的元对话将征求一个是否型的答案，并明确所需的答案类型。注意：关于销售答商，将进一步讨论真实对话的导航问题（见第十一章）。

运用五项高答商实践

正如在其他地方系统地讨论的那样，五项高答商实践（见第四—第八章）可以使任何重要的对话受益，包括面试答商。这一章明确讨论了提供几种高答商实践的好处，重点是高答商实践1（提供六种答案）、高答商实践3（提供补充答案）和高答商实践4（用风格回答）。其他高答商实践也被讨论。例如，在最后一轮面试中，贝丝被问到一个重要的"怎么做"的问题。为了充分回答这个问题，她回答了两次（高答商实践2，见第五章），提供了一个过程和行动答案。重点是，练习和运用所有五项高答商实践对面试答商来说非常重要。

尊重问题

在布莱恩·格利布科夫斯基对世界顶级高尔夫教练的原始研究中，其中一个关键的发现是"尊重问题"。不管是什么问题，高尔夫教练都会尽力去回答。例如，其中一位高尔夫教练被客户要求帮助他把球打得越远越好。该客户在与朋友们进行练习高尔夫球场社交活动时，对发球台的距离很在意。当然，在实际的高尔夫球场上，准确度和距离对取得更好的高尔夫成绩都很重要。然而，这个客户只对把球打得又重又远以便打动别人感兴趣。在答商术语中，这位教练提供了一个程序，使球杆击出的距离最大化，而准确度则被忽略。同样，在面试过程中，求职者需要专注于回答所问的问题。作为一名初级教授，布莱恩·格利布科夫斯基倾向于将注意力放在为什么问题和相关的理论答案上。然而，他的学生更多的时候会问一些实用的"怎么做"问题。布莱恩·格利布科夫斯基经常不回答他们的问题，而是回答他所关心的问题。直到他把尊重问题的原则放在心上，他与学生的沟通（以及他的教学评估）才有了明显的改善。也许在课堂上作为教师和在工作面试过程中作为候选人时，人们可能会被自己最重视的东西所迷惑。如果你想得到好的教学评价或得到工作，那么将对话集中在回答对方的问题上是很重要的。

复盘

在与贝丝的讨论中，我们（布莱恩·格利布科夫斯基和汤姆·金贝尔）从准备工作和实际访谈的角度来阐述访谈。贝丝补充说，在答商背景下，面试后的复盘很重要。只有在面试结束后，你才能真正了解如何改进。问问自己，我是否提供了所有的答案类型——故事、隐喻、理论、概念、过程、行动？哪些问题我没有正确回答？我是否过于关注某些答案？我是否遵循了五项高答商实践？这些问题和其他问题可以帮助你弥补目前和潜在的答商水平之间的差距。

贝丝的观点

有很多微妙的细节可以让你的答案出错。我认为很多错误归根结底是没有认识到答案的重要性。我们都听说过这样一句格言：为你想要的工作着装。我有自己的答商口号，为你想要的工作提供答案。这让我关注到了答案的重要性。

第十一章

销售答商

布莱恩·格利布科夫斯基博士

客户关系管理软件服务提供商 Salesforce 制造业解决方案工程部高级经理、专业售前人士社区 PreSales Collective 创始人詹姆斯·凯基斯

詹姆斯·凯基斯是 Salesforce 解决方案工程部的负责人，同时也是 PreSales Collective 的创始人，这是一个致力于全球销售工程专业人士的全球社区。詹姆斯·凯基斯在技术领域工作了近 10 年，拥有 15 年以上专注于客户体验的工作经验。詹姆斯·凯基斯将自己归类为以客户为中心的问题解决者，并认为销售活动中的细节是良好活动和绝佳活动之间的区别。

独角兽企业 Gong 内容策略主管德文·里德

德文·里德目前是旧金山一家高速发展的科技初创公司的内容策略主管，负责其内容的规划、创作和管理。他有 6 年的 SaaS❶ 销售经验，最引人注目的是，在进入市场营销领域之前，他是 Gong 的第二名销售人员。他还通过自己的公司 The Reeder 为 B2B 公司提供咨询服务，帮助他们制定令人印象深刻和有效的内容策略。

章节小结：在之前的章节中，答商具有指南针的属性，这是一个与对话无关的工具，可以用于改善任何特定的对话。在本章中，答商指南针

---

❶ Software-as-a-Service 的缩写，意为软件即服务，即通过网络提供软件服务。

被添加到销售区域的地图中，并增加了一个重要的元素——每个对话都有一个独特的地形，必须被映射和导航。本章展示了答商指南针如何与地图一起使用，以便引导重要的销售对话。此外，本章还探讨了对话是如何作为问题和答案的序列，随着时间的推移而展开的。最后，本章的销售对话洞察力集中在人工智能方面，它是由领先的销售对话智能平台 Gong 从数百万次销售电话中收集的。

主要读者：有兴趣进行重要销售对话的 B2B 销售专业人士应该阅读本章。此外，买方也应该阅读这一章来了解如何进行更有效的销售对话。毕竟，对话是双向的，而不是一条单行道。

次要读者：任何有重要对话的人都应该阅读本章，这些对话是随着时间的推移而展开的一系列有顺序的讨论。工作面试、辅导、培训以及几乎所有重要的对话都是随着时间的推移而展开的序列化对话。虽然销售的地形是独特的，但是当你阅读本章时，你可以牢记你的具体对话地形（工作面试、辅导、培训等）。很多东西是不同的，但很多东西在重要的对话中也是相同的。例如，所有的对话都有一个开始、中间和结束。我们有意将销售漏斗建模为三个阶段，以便鼓励在任何重要对话的开始、中间和结束时进行思考和比较（图 11.1）。

引导一场重要的对话就像一个背包客在荒野深处寻找道路。有经验的背包客会使用两种导航工具，地图和指南针。地图对于旅行计划很有用——通过识别目的地和路标来规划路线。一旦进入树林，指南针就会在任何一个给定的点显示前进的方向，即使路标是不可见的。罗盘上的指针用于识别一个特定的方位，作为一个 0° 和 360° 之间的数字。指南针上的轴承被用来在地图上的一个地标到另一个地标之间移动，从而成功地在荒野中导航。

答商就像一个指南针，可以用来导航任何对话。我们之前关于答商的

图 11.1　销售答商是指在卖方和买方之间的对话中提供答案的能力

讨论中缺少的是绘制每个独特对话的具体地形。在本章中，我们将研究销售答商，以便引导销售对话，这个过程通常被可视化为一个漏斗，从在潜在客户的世界中创造意识开始，接着是教育，然后是购买决定，从卖方的角度产生稳定的成功销售。

　　我们用答商术语将对话定义为买方和卖方之间的问题（是什么、为什么、怎么做）和答案（故事、隐喻、理论、概念、过程、行动）。我们利用两位合著者的第一线专业知识，他们是来自 Salesforce 的詹姆斯·凯基斯和来自 Gong 的德文·里德，代表了两个处于销售对话技术和思维前沿的组织。Salesforce 是知名巨头，是客户关系管理软件的全球第一大领导者。本章借鉴了 Salesforce 在理解客户在其客户关系管理软件中每天追踪的重要对话方面的经验。Gong 是 B2B 销售团队的领先对话智能平台。Gong 开发了人工智能来捕捉客户的互动（视频和电话、电子邮件、面对面的会议），并应用人工智能来提供对成功策略的洞察，从而取得交易成功。作为一个对话智能平台，问题和答案的分析被捕捉与报告，以便改善销售。

Gong 就像一个制图师，绘制了销售过程的地图。如图 11.2 所示，重要的销售对话的每一个方面都代表着地图上的一个图钉，已经被 Gong 分析、识别。所有的图钉都代表着有顺序的对话，可以用来导航销售过程。地图上的图钉被放置在一个单一的销售阶段（认识、教育或决策）。此外，在整个销售漏斗中重复出现的对话地标被识别为由一条线连接的图钉。从 Gong 分析中得到的发现将以答商的形式重新构建。

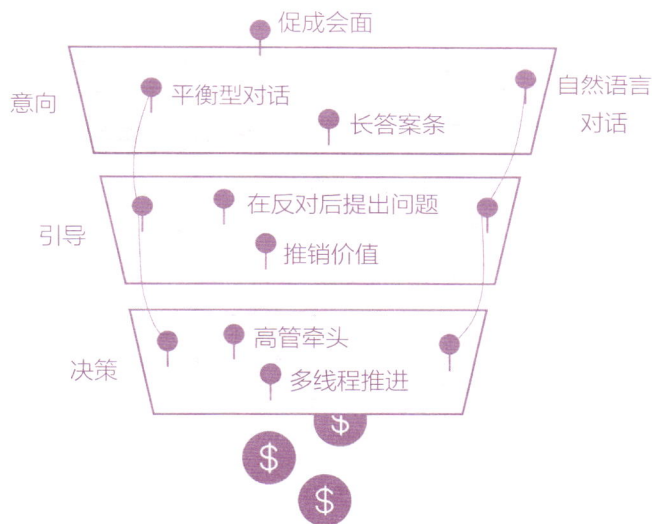

图 11.2　销售漏斗对话引导

贯穿销售漏斗的对话

平衡型对话

在分析 Gong 记录的 519000 个 B2B 发现式销售电话（销售漏斗的认识阶段的一部分）时，销售人员要问的问题的目标数量是 11 ~ 14 个，而成功率下降到"平均水平"。此外,人们发现,表现最好的销售人员在整个电话中都会提问题,但一般的销售代表在电话开始的前 8 分钟内会提出问题,然后开始逐渐减少。这就好像销售代表在人为地进行"销售电话检查表"上的问题一样。此外,研究发现,发言者在买方和卖方之间切换的次数越多,成功的可能性就越大。良好的对话平均每分钟切换发言 3.2 次。

答商的含义是,问题和答案应该是平衡的——在整个意识阶段(可能还有引导和决策阶段)展开,以便反映自然的对话流程,买方和卖方应该轮流提问与回答。具体来说,每一方,卖方或买方,都可以发起对话(作为发送者)或作为应答者进行沟通。在每个回合中,卖方和买方可以提出一个问题或提供一个答案(对话的两个消息模块)。当角色(发送者、响应者)和消息(问题、答案)交叉时,它们形成四个对话:Q-Q、Q-A、A-Q 和 A-A,其中 Q 表示问题,A 表示答案。这四种对话都包含问题(是什么、为什么、怎么做)和答案(故事、隐喻、理论、概念、过程、行动)。请参阅表 11.1,以便获得四个销售对话的说明性示例,其中买方和卖方分别充当发送者和应答者。注:感兴趣的读者可以参阅第十七章,其中对四个会话构建模块进行了进一步的研究。

表 11.1　四种对话

对话	说明	示例
Q-A(问题-答案)	卖方或买方(发送方)提出一个代表知识差距的问题,由另一方(回应方)来回答	买方问:"我为什么要从你这里买?"卖方以一个来自同一行业的成功故事作为回应

对话	说明	示例
Q-Q（问题 - 问题）	卖方或买方（发送方）提出一个问题，代表着另一方（回应方）提出的知识差距	在销售对话的第一分钟内，买方问了这个问题："你的产品多少钱？"任何卖方都会把这个问题，尤其是这么快就问出来的问题，理解为价格（一个答商概念）对卖方很重要，也许是买方用来继续对话的一个筛选问题（是 / 不是）。 在介绍性电话的开始就直接回答这个问题，往往会使销售过程脱离轨道。这是因为买方没有意识到他们自己的需求以及他们应该在产品上投资多少来满足他们的需求。相反，卖方可以用一个问题来回答："价格对你来说是最重要的吗？"这个问题的目的是鼓励买方自我检查，也许能意识到可靠性、速度、创新或其他概念更重要
A-Q（答案 - 问题）	卖方或买方（发送方）提供一个答案，另一方（回应方）提出一个问题	买方将他们的问题作为一个理论性的答案："我们的客户支持团队没有输入客户信息，这对我们的客户产生了负面影响。"这是一个理论性的陈述；可能被解释为缺乏可靠性→降低客户满意度。作为回答者的卖方可以问一个后续的封闭式问题来澄清这个答案："你是说缺乏可靠性导致了客户满意度的下降？"（"为什么"型问题）或者，作为回答者的卖方可以问一个开放式的问题来澄清这个问题："你能给我讲一个故事来说明这个问题吗？"（"为什么"型问题）

续表

对话	说明	示例
A-A（答案－答案）	卖方或买方（发送方）提供了一个答案，另一方（回应方）提供了一个答案，以便强化发送方的答案，或提供一个不同意发送方答案的答案，从而有可能激发一个全面的观点，并通过不同的观点提高理解能力	买方分享了一个关于他们组织问题的故事。卖方用一个隐喻（或六种答案类型中的任何一种）来强化买方的故事，以便传达卖方理解他们的问题

自然语言对话

如果买方和卖方都读了这本书，对话就会变得更容易，因为答案类型和问题类型可以被参考、被要求，并被明确地讨论。例如，卖方可以要求买方用理论来定义他们的问题；或者买方在寻求实践知识时，可以要求卖方概述与使用其产品有关的关键程序和行动。不幸的是，这并不容易。六种答商答案类型（隐喻、故事、概念、理论、过程、行动）和三种主要问题类型（是什么、为什么、怎么做）代表了一种技术语言，与自然语言（在现实世界中使用）不同。在现实世界中，不熟悉答商的人往往对答商中的六种答案和三个问题感到陌生、迷惑和混淆。为了有效，受过答商教育的沟通者需要在答商框架的技术语言和现实世界中的自然语言对话之间架起桥梁。例如，在商业环境中，与其说是理论，不如说是"战略"这个词更容易理解。然而，即使是同义词也不一定能被理解。《经济学人》曾经写道："没有人真正知道战略是什么！"。

回答同义词。即使一个同义词不被理解，另一个同义词也有可能发挥作用。请找到对其他交流参与者有意义的正确语言。幸运的是，故事和隐喻在现实世界的对话中通常被理解，但情况并非总是如此（表 11.2）。

引导性问题。自然语言对话的另一个复杂之处在于，为什么、是什么和怎么做的问题并不总是分别用来唤起结构性、陈述性和程序性知识。例如，买方可能会问："那是怎么运作的？"而不是一个怎么做的问题（强调程序性知识），买方问的是一个关于提高客户满意度的因果关系的原因问题。也许卖方讲了一个故事，而导致客户满意度的机制对买方来说是模糊的。在这种情况下，为了弥补自然语言和技术语言问题之间的差距，并澄清买方想要的答案，卖方可以问一个引导性的问题："你想让我解释这个理论吗？"如果买方说"是的"，那么卖方知道买方想要一个理论答案。引导性问题经常与答案的同义词结合使用。例如，前面的引导性问题可以用理论的答案同义词来问："你想让我解释一下策略吗？"最后，引导性问题的一个推论是创造一个结构良好的对话，一个有明确程序的对话，然后你可以用引导性问题来问别人。例如，可以用议程、框架协议（如何谈判的协议）来增加结构，卖方可以在前期的销售合同内开始每一次销售对话。在结构到位的情况下（议程、框架协议、预付合同），销售代表可以引导性地问"这公平吗"，以便判断对话是否为成功做好了准备。

表 11.2　回答同义词

答案类型	同义词
故事	● 案例分析 ● 趣闻逸事 ● 说明性示例
隐喻	● 对比 ● 比喻 ● 象征

答案类型	同义词
理论	<ul><li>策略</li><li>逻辑</li><li>论据</li><li>基本原理</li><li>因果关系</li><li>假设</li></ul>
概念	<ul><li>构思</li><li>变量</li><li>目标（结果变量）</li><li>业务驱动因素（前因变量）</li><li>效益（与产品/服务相关的特定销售）</li></ul>
过程	<ul><li>流程</li><li>方法</li><li>计划</li><li>途径</li><li>措施</li></ul>
行动	<ul><li>步骤</li><li>特征（销售专用语言）</li><li>行为</li><li>任务</li></ul>

意向性对话

认识对话涉及对需求的初步理解，以及卖方为满足买方的需求所能提供的潜在解决方案。在这个阶段，对每一方的了解都是不断发展的。在销售漏斗的最顶端，卖方可能会试图建立一个对话线索。在漏斗顶部稍远的地方，销售代表可能会对营销工作中的销售线索作出回应。然而，在漏斗顶部更远的地方，对话是由买方和卖方同意的，每一方都投入时间来确定是否有潜在的匹配度，以便证明在销售漏斗的下一个阶段有必要进行额外的引导性对话。

促成会面

打推销电话，也就是卖方和潜在买方互不认识的电话，其目的是让买方接受与卖方的后续会面。在这些简短的电话中，重点是为买方提供答案，以便引起关于买方需求或产品的问题（问答对话）。例如，卖方的一个隐喻可以引起买方质疑他们的需求。卖方用这个新发现的问题作为建立后续销售对话的理由，进一步探索这种需求。

Gong 公司发现，在电话中，买方愿意听长达 37 秒的回答独白。在寻找销售机会的电话中，不使用卖方的问题，因为买方还没有赢得提问的权利。此外，如果卖方提供的答案强化了现有的答案（A-A 对话），那么买方就不太可能感知到需求，或有理由打电话。例如，买方可能认为"我们目前的供应商提供同样的好处"（概念型答案），这样的内部对话不可能产生销售（图 11.3）。

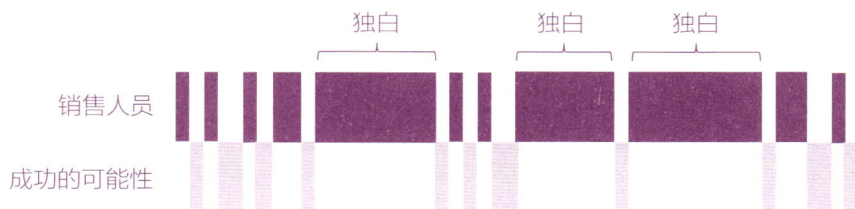

图 11.3　促成会面，不做任何挖掘，不要害怕独白比平时长

长答案条

在发现式销售电话中，一个主要目的是让卖方了解买方的需求。因此，我们在分析销售电话时发现，卖方的开放式问题（而不是封闭式的是 / 否问题）对于创造买方的"长答案条"回应（Q–A 对话）非常重要。在 Gong 的销售电话转录引擎中，长答案条是指买方在问完卖方的问题后，谈了很长一段时间。与表现一般的同行相比，对销售代表的问题作出较长的回答与成功的销售有关。

这些具有高度影响力的问题——能促使销售人员啰唆地"回答问题"的问题——有两个主要特点。第一，它们是有效的，因为它们是开放式的。如果你曾经参加过僵硬的问答式面试，那么你可以体会到在短时间内回答大量问题所带来的疲劳感。这种疲惫的感觉——在销售界被称为"发现式疲劳"——这是一个众所周知的敌人，让买方感到不快。

相反，最好是问几个问题，以便激发充满信息的答案，而不是问许多问题，以便发现相同数量的信息。

例如：

不要问：你使用 Salesforce.com 吗？那 Gong 呢？你也使用 Zoom 吗？
这会迫使买方在短时间内回答许多问题。

这么问：你的销售技术栈是什么样的？

答：Salesforce、Gong、Zoom，等等。

在后面的例子中，买方必须只回答一个问题，但它向销售代表提供了同样多的信息。这对买方来说是一个更舒适的对话。

第二，它们通常要求接受者进行批判性思考，而不是仅仅复述信息。如果我们重新审视上面的例子，那么通常会有两条路线。一个平庸的代表可能会追问"你的技术栈中缺少什么？"这样的问题，试图找到一个他们可以解决的痛点。其意图是正确的，但他们很可能得到一个平庸的答案，例如"我们没有一个好的应用程序编程接口（API）"。为什么 API 是重要的？它阻碍了你完成什么？还有很多东西需要挖掘，需要销售代表提出更多的问题，以便了解背后是否有隐藏的问题。

一个更持久、更精明的销售人员，一个拥有高答商的销售人员，会问这样的问题："当你看到自己的技术栈时，是什么阻碍了你实现最重要的 2020 年计划？"现在，买方必须停下来，在回答之前进行批判性思考。买方可能会回答说："嗯……我们最大的优先事项是让我们的团队更有效率。组织的目标是增加 12% 的产出，我们想通过自动化工作流程来解决这个问题。目前，我们的技术不能交互，这让我的团队花费了无数的时间来手动输入数据。"卖方现在了解了创建成功交易的基本信息：公司的优先事项（提高生产力；一个概念答案），他们如何衡量成功（增加 12% 的产出），在哪里找到这 12%（缩短人工数据输入；一个行动答案），以及最后，解决方案（通过 API 增加信息流；一个过程答案）。这就是高影响力问题的微妙而巨大的影响。

引导性对话

引导性对话包括进一步了解买方的需求，从所有供应商那里探索潜在的解决方案，包括焦点卖方。买方对卖方的产品或服务的兴趣被加深了。对销售人员来说，交易变得"真实"，营销的大部分工作已经完成（意向），现在要靠销售代表在重要的引导对话中把交易组织起来。这个阶段通常包括产品演示（通常是最关键的引导）、评估或试用。

在反对后提出问题

买方可能会提出反对意见。例如，买方可能会说："你的产品不能做 X、Y 和 Z。"这表明对产品不支持的程序或行动。"我对我目前的供应商很满意"，这可能是买方围绕他们目前的供应商所制定的成功故事的表述，一个根深蒂固的内部叙述。或者买方可能通过说"你的服务太贵了"来反对，这可能表明你的价值主张（又称为理论答案）在客户心中没有得到良好的发展。

在分析了 Gong 公司超过 67 000 个销售对话录音后，54.3% 的顶级销售在反对意见后提出了一个问题，而一般销售只有 31%。换句话说，当卖方作为回应者提出一个问题（A–Q 对话）时，买方的反对意见（答案）被更有效地反驳（图 11.4）。例如，买方可能会反对说："你的产品太贵了。"卖方可以对买方的反对意见提出两个基本问题。首先，卖方可以用一个问题来回应："安全数据对你来说值多少钱？"目的是通过使用这个问题作为提示，让买方重新思考他们的答案，从而建立答案意识。也许卖方从先前的发现或买方公司的历史中知道，安全数据对客户是非常有价值的。在听到这个战略问题后，

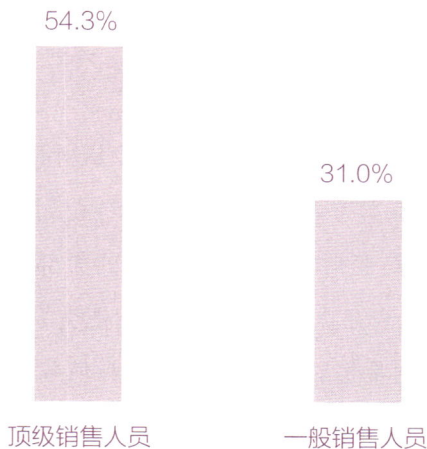

图 11.4　在反对后提出问题的比例

162

买方会重新评估他们最初的反对意见。其次，卖方可以问一个澄清性的问题，目的是了解买方在理解上的偏差。例如，卖方可以问："这个产品的预算是多少钱？"这个问题的目的是为了填补买方知识上的空白。

推销价值

推销是一种常见的销售方法。在答商术语中，推销包括理解代表价值的所有六种答案类型。例如，所有的销售代表都有类似的故事吗？例如，一些故事可能是关于可靠性的，其他的是关于创新的。什么是理论（X → Y）？可靠性会增加卖家的利润吗？或者，创新会增加卖家的利润吗？以类似的方式，所有六种回答类型都需要在销售组织内达成一致。此外，答案类型之间的对应也很重要。最好分享一个故事，这个故事可以很容易地转向一个过程（或其他五种答案类型中的任何一种）。这将提升解释的经济性（用更少的时间提供答案），所有的答案会相互强化。

决策性对话

销售过程的最后阶段是做出购买决定（是／否）。买家有权力和预算来进行购买决策。通常情况下，决策者是更高级别的人，而且往往与销售过程中早期参与的人不同。在复杂的销售中，通常会有多个决策者参与。

高管牵头

在销售漏斗的顶端，销售者通常会问更多的问题，通常是向组织中的非决策者提出。在销售漏斗的底部，对话往往涉及高级决策者，而在谁来提问的问题上，情况是翻转的。Gong 公司发现，当高级决策者在销售电话中时，销售者最多可以问四个问题，而当销售者问了 5 个以上的问题时，就会产生强烈的负面影响。在向决策者销售时，第一大错误是销售代表的注意力集中在一般问题上。与决策者交谈不是随便聊聊。你可以向高层领导提问，但这些问题应该是针对理解理论的战略问题（为什么的问题）。与其说是卖方提问，不如说是卖方为高级决策者的问题提供答案。Gong 公司的一个客户这样说："你的工作（作为销售代表）不是问我什么让我夜不能寐，而是要告诉我应该怎么做。"

多线程推进

Gong 公司运用人工智能发现，在成功的交易中，有更多的买方参与其中。而在失败的交易中，平均有 3 个以上的买方亲自参与（电话或面对面的会议），8 个以上的人通过电子邮件参与。多线程是指在销售对话中，有目的地培养买方组织中的多人参与。多线程有几个答商的含义。首先，销售组织必须以独特的方式询问和回答每个买方的问题。这涉及对每个人的关注。其次，在有多个买方的电话中，必须使用更多的答案类型来吸引所有参与者。例如，一个买方可以被描述为分析型买方（喜欢理论和概念）的答案，但第二个买方可能被描述为关系型买方（喜欢故事和比喻）。因此，卖方可能会回答两次，通过高答商实践 2，以回答"为什么"型问题 2 次（作为故事和理论）来吸引两个买方。此外，个别买方可能在后台，而不是在销售电话中，卖方需要预测并提供与这些人对话的答案。最后，精明的卖方会寻求对不同买方的答案进行评估，以便了解薄弱环节或潜在的反对意见。例如，卖方可以要求每个买方找出一个能说明问题的故事。如果故事不一致，这就表明对需求的看法不同，或销售有问题。

第十二章

教练答商

布莱恩·格利布科夫斯基博士

人力资本管理集团克里斯·弗莱伯格博士

克里斯·弗莱伯格博士拥有超过 27 年的经验，他的工业和组织心理学知识，使他可以充分利用组织在人力资本投资的价值。他擅长通过高管选拔和发展、高管培训、领导力发展、组织效能评估、团队建设，将人才管理系统和公司文化与企业战略和目标相结合，帮助企业构建人才能力。他是顶级评级公司的专家，已经进行了 3000 多次顶级评级评估，并辅导了多个行业的数百名高管。

章节小结：教练对高管的专业发展很重要。本章的重点是辅导答商，旨在考察高管教练如何帮助客户找到重要的答案，以便解决阻碍他们职业生涯或抑制他们潜力的紧迫问题（图 12.1）。本章回顾了克里斯·弗莱伯格博士对数百位客户的培训案例，并将其浓缩为答商术语。我们建议，在几周和几个月的教练关系中，教练最好有一个宽泛的答案序列，首先强调分析性的答案（理论和故事）来理解问题，然后通过联系（故事和隐喻）提供个人意义，最后重点转移到实际的答案（过程和行动）来做出必要的改变。高管们的一个普遍缺点是不能用分析的术语（理论和概念）来定义问题，他们没有超越叙事（故事答案）来解释商业世界是如何运作的。最后，沟通是微妙的，克里斯·弗莱伯格博士思考了在高风险的教练对话中获得正确答案的能力。

图 12.1　教练答商是指在教练和被辅导者之间的对话中提供答案的能力

目标读者：高管教练应该阅读本章。此外，任何教练都应该阅读这一章，以便获得他们在这个世界上航行所需的答案。最后，教练是一种每个人都能运用的技能，无论是作为管理者还是在家里与儿子或女儿相处。因此，本章讨论的沟通技巧可以广泛应用于相关的对话中。

你也许曾经和一个教练一起工作过，或者你曾经辅导过其他人。在绩效管理中，教练被定义为"与客户合作，在一个发人深思和创造性的过程中，激发他们最大限度地发挥个人和职业潜力"。教练有很多变体，包括但不限于上下级（经理到下属）、同级、团队和组织间（例如第三方辅导）的教练。

教练与其他培训类角色有何区别？

1. **咨询师**为商业问题提供答案（通过战略、结构、方法）。教练关注于提问和帮助被辅导者找到自己的答案。

2. **导师**关注的是职业生涯和继任——重点是帮助被指导者像导师一样做事。教练阐明情况，但重点是被辅导者确定自己的独特路径。

3. **教师**是传授知识的内容专家。教练帮助被辅导者自己去发现知识。

4. **引导者**是流程管理方面的专家。教练则专注于建立一种信任的伙伴关系，在这种关系中可以探索和确定解决方案。

本章通过探讨以下内容来关注教练答商。首先，答案应该以什么顺序集中？教练帮助被辅导者理解与他们的问题相关的六种答案。例如，如果被辅导者的问题是与下属的冲突，那么教练需要知道冲突为什么会发生（理论答案），或者是什么行为（答商答案）触发了冲突。依此类推，教练必须探索并理解所有六种问题的答案（故事、隐喻、理论、概念、过程、行动）。回顾与数百名教练客户的工作，克里斯·弗莱伯格博士确定了一个模式，一个三步过程，在教练关系中，首先揭示分析型答案（理论和概念），然后是关系型（故事和隐喻）答案，最后是实用型（过程和行动）答案。

其次，我们考察了高管培训客户的一个普遍缺陷，即他们无法提出分析型答案。虽然我们通常认为高管们精于算计，他们确实如此，但是最重要的决定需要直觉，即依赖故事来理解他们的世界。这对于高管培训中经常关注的软技能（例如领导能力、团队动力和冲突管理）来说尤其如此。当一个问题找到一个令人信服的叙述时，高管们通常相信自己的直觉。然而，如果不能将一个故事转化为一个坚固的理论（用商业术语来说，即一个引人注目的策略），可能会隐藏对手头问题的表面映射。例如，当罗恩·约翰逊成为杰西潘尼百货公司的首席执行官时，他带来了自己在苹果公司担任高管期间的零售故事。在苹果公司，每家商店都有一个"天才吧"，充当客户的顾问。他把这种咨询式的叙事方式移植到杰西潘尼百货公司，并把"城市广场"变成了"天才吧"的变体。这种说法大错特错。在他被任命为首席执行官的 18 个月内，杰西潘尼的销售额下降了三分之一，公司亏损了 10 亿美元，罗恩·约翰逊被迫辞去首席执行官一职。

最后，将答案与基线进行比较，以便建议何时增加或减少答案的水平（例如在思想份额、对话时间、深度和（或）广度方面）是有益的，这被称为答案的振幅。以一种公式化的方式来应用本书所述的五种高答商实践是很诱人的。然而，找到正确的振幅是微妙的。克里斯·弗莱伯格博士提供了正确调整教练答商对话的指导。

正确的顺序：分析型、关系型、实用型

教练被定义为：

引导者（教练）和参与者（客户）之间的苏格拉底式对话，引导者使用的大多数干预措施都是开放式问题，旨在激发参与者的自我意识和个人责任。

在答商术语中，教练和被辅导者之间的个别对话围绕着教练想要帮助被辅导者弄清楚的六种答案类型（理论、概念、故事、隐喻、过程、行动）展开。教练可能会要求客户分享一个有意义的故事，或者找出有效的行动，或者没有。当个别对话被串联起来，经过数周或数月，作为一个整体来看，一个整体的模式就会出现。克里斯的辅导经验表明，与客户的关系，首先要关注分析型答案（理论和概念），然后是关系型答案（故事和隐喻），最后是实用型答案（过程和行动）。

第一步：分析型答案（理论和概念）

克里斯·弗莱伯格博士的客户麦迪是一个非常聪明、非常有企业家精神、拥有顶级商学院 MBA 学位的新星。但是，她与她的团队一起挣扎。她有非常高的标准，她会要求其他人。如果你不符合这些标准，你就会被

淘汰。她有一个助理，在被解雇之前，没有坚持到 90 天。她的团队成员会经常感受到她对不良表现的失望。但当你做得好的时候，她会大加赞扬。与这两个极端相关的问题是：她的团队很难预测她接下来是要表扬还是要发怒。

大家一起工作的关键障碍是，她的团队不理解她的心理模式（答商术语中的理论），即她是如何看待这个世界的。教练是一个以目标为中心的活动，首先要了解被辅导者的目的。教练必须向被辅导者确定与她的心理模式相关的理论结果。在这个案例中，克里斯·弗莱伯格博士问她："你的目的是什么？"她回答说："我想产生令人震惊的影响。"克里斯·弗莱伯格博士问："什么会产生令人震惊的影响？"她回答说："我的团队需要创新。"就是这样，她成功的心理模式是创新→令人震惊的影响。当然，这在实践中并不那么简单，我们花了几次会议才把这个隐性理论落到实处。然而，一旦她的隐性理论浮出水面，她就能够并确实将这个理论传达给她的团队。她的团队需要理解她的出发点是什么。他们需要了解游戏的规则。一旦她分享了她的隐性理论，他们就会明白对他们的期望是什么。著名的印第赛车手马里奥·安德雷蒂说："如果你不撞车，你就开得不够快。"麦迪就是一名赛车手，她开得非常快，不会为你放慢速度，有时会撞车。在她传达了她的理论后，她被理解了，她说得很有道理，大家都接受了。是的，她仍然会怒气冲冲，但她是可以预测的。她与她的团队的关系得到了改善。

这个例子展示了一个领导者和团队之间共享的心智模型，所有参与者都从中受益。这是正确的。更一般地说，理论代表教练客户的自我意识，以便定义问题或机会。克里斯·弗莱伯格博士有另一位客户汤姆。汤姆 40 岁出头，但他看起来像 20 岁出头。汤姆想晋升为高级主管，但从未被认真考虑过。汤姆会向克里斯·弗莱伯格博士抱怨："我没有得到我应得的尊重。"克里斯·弗莱伯格博士说："为什么他们不尊重你？""我看起来太年轻了。"汤姆说。克里斯·弗莱伯格博士和汤姆关系很好，所以他可以直接问问题。克里斯·弗莱伯格博士说："你认为这是因为你看起来太年轻，还是因为你的行为太年轻？"灯泡亮了。他表现得很年轻——不为自己的行为或结果负责，责怪他人。这就是问题所在。汤姆需要使他的性情与他所寻求的职位相适应。汤姆第一次明白了背后的理论：风度→晋升。

对于麦迪、汤姆或任何被辅导的客户，克里斯·弗莱伯格博士首先帮助客户了解他们的心理模型，或理论，这是教练工作的核心。一旦心智模式被开发出来，注意力就会转移到关系型答案上——确定在时间和挫折中维持专业发展所需的故事和隐喻。

第二步：关系型答案（故事和隐喻）

在大多数企业中，经理和高管都在拼命工作。迅速行动是重要的。在这种背景下，教练面临着很大的压力，他们要诊断理论（第一步），然后绕过故事和隐喻（第二步），直接进入过程和行动（第三步）。如果教练的指导（过程和行动）没有嵌入故事和隐喻中，那么第三步就不会具有可持续发展所必需的个人意义。

不管在哪里进行辅导，重要的是把冰冷而抽象的概念和理论变成对个人有意义的故事和隐喻。来看看"父母即教练"这个说法。像许多父母一样，克里斯·弗莱伯格博士希望他的女儿永远不要害怕失败。这是一个抽象的概念，他的女儿在智力上能理解。然后，有一天，生活介入了进来，一个共同的经历把永不放弃的概念理解变成了一个转变的故事，从童年到成年，这个故事一直激励着她。

故事发生在他女儿小时候参加的一次定时骑马比赛上。只有当你进入竞技场时，你才能看到障碍放置的情况，这就排除了如何处理比赛的预先计划，例如计划危险的转弯和跳跃。一进竞技场，克里斯·弗莱伯格博士就问："你感觉怎么样？"她显然很紧张。她回答说："我想确保我不会错过跳跃。不要慢下来。"克里斯·弗莱伯格博士回答说："如果你跑不快，那么你会赢吗？""她回答说："不会。"克里斯·弗莱伯格博士说："你想重新考虑这个策略吗？"她很好胜，她想赢。她确实重新考虑了自己的策略。轮到她的时候，她骑得像从地狱里飞出来的蝙蝠，克里斯·弗莱伯格博士很快就放下了摄像机，因为他担心她的安全。她跳到了最后一跳。那匹马猛地一跳，拔腿就跑了。在最后关头她失败了。她本可以赢五秒。赛后，她显得很沮丧。

克里斯·弗莱伯格博士说："你赢了。你本来可以通过不努力而失败。这是一场巨大的胜利。你突破了一个心理障碍。大多数人在比赛开始前就失败了。随着时间的推移，在生活中反复的比赛中，他们最终只能在消磨时间，从未有所作为。我希望你能始终参与竞争，并参与你所做的任何事情。"

骑马的故事是克里斯·弗莱伯格博士家庭的一个试金石。这个故事展示了一个重要的家庭价值观：不怕失败。作为一个概念，你应该通过尝试而失败，而不是通过失败来尝试。最后，你应该承担经过计算的风险。只有当这个概念被转化为一个故事时，它才成为在个人和职业生活中维持"不怕失败"做法（过程和行动）的能量来源。隐喻和故事对任何经理人或高管来说都扮演着同样关键的角色。故事和隐喻（第二步：关系型答案）是连接理论、概念（第一步：分析型答案）与过程、行动（第三步：实用型答案）的情感桥梁。

第三步：实用型答案

如果被辅导者理解了相关理论和概念方面的问题（第一步），并且他们已经通过故事和隐喻建立了情感联系（第二步），那么在过程和行动方面实施变革的实际方法（第三步）就比较容易了。随着资历的增加，被辅导者在目标设定程序、SMART目标和项目管理方面有了更多的经验，这些都为他们能够确定和实施与教练过程中发现的变化相关的行动计划做好了准备。如果被辅导者的经验较少，那么教练在确定实现目标的程序和行动方面发挥着更重要的作用。此外，无论资历如何，在具体的技术和行动方面（如何施加影响，如何更简洁地沟通等），克里斯·弗莱伯格博士可以提请被辅导者应该注意的盲点。另外，个体差异是存在的，教练必须帮助每个客户实施过程和行动，认识到他们的个人挑战。最后，教练的另一个重要作用是不断加强实用型答案（过程和行动）与其他四种答案类型之间的联系。例如，在实施行动计划时，可以通过参考相关的理论和故事来加强基本的理由（为什么会发生变化）。最终，最后一步是橡胶与道路的结合，教练在发展和促进实际答案方面发挥着重要作用。没有过程和行动，就不会有真正的改变。

分析性盲点

克里斯·弗莱伯格博士的一个客户曾经是一名检察官，然后在一家全球律师事务所工作。他将从个人生活的故事中获得与工作有关的灵感。如果他的儿子与他的足球教练有一个好的经历，他就会把它带回律师事务所。他将对这个足球故事进行反思，并建议律师事务所的指导工作应该像他儿子的足球教练那样进行。他将根据他的个人生活来讲述这些故事。一切都是故事。这使他和其他人能够联系到为什么的问题。他得到了很多赞美。但他也得到了很多批评，说他是一招鲜，一切都是他个人生活中的故事。

最成问题的是他把故事和理论混为一谈。一个能引起共鸣的个人故事并不一定是一个应该用于公司的理论。他成了自己故事的囚徒。如果他的个人生活中有一个故事打动了他，那么它会立即被翻译到工作场所，与他的同事分享。虽然理论和故事是相关的，毗邻在答商环形图，但它们是不同的。例如，现在非常流行关注员工参与度。你进入任何一个组织，你都可以很容易地收集到几十个故事，这些故事为关注员工参与度提供了情感上的支持。布莱恩·格利布科夫斯基博士采访过的一家加拿大大型银行意识到，内部对员工参与度倡议有广泛的支持，这在很大的程度上是由一些逸事推动的。该银行将这些故事转化为分析视角，并使用商业分析来测试员工参与度。他们发现，没有统计证据表明员工参与度对银行关心的任何结果有影响。这给讲故事的人泼了一盆冷水，但引发了更广泛、更深入的讨论，即员工参与度（概念）是什么，以及它在理论上如何与银行关心的重要结果相关（或无关）。

克里斯·弗莱伯格博士给这位律师的建议是，从分析性答案开始。律师需要发展他自己的概念和理论，这些概念和理论与指导、文化、商业战略以及对律师事务所很重要的其他主题有关。一旦概念和理论得到发展（第一步），他就会有一个过滤机制，用来评估关系型答案（第二步）和实用型答案（第三步）。在布莱恩·格利布科夫斯基博士与公司和学生（本科生和 MBA）的一般工作中，他也得出了类似的结论，他看到了一种倾向（即重塑故事而放弃理论）以及另一种倾向（即重塑实际的答案而放弃理论）。也许故事和隐喻被提升了，因为它们吸引了人们的情感。也许程序和行动被提升了，因为它们是有形的，而且更容易看到成功或失败。相比之下，概念和理论是冷冰冰的，没有情感，而且是抽象的，能够进行统计评估和逻辑压力测试，两者都更难理解，也许更容易被操纵和混淆。

振幅

如果音量太高，你就只能忍受巨大的噪声，而听不到乐器组合成音乐的美妙。

——克里斯·弗莱伯格博士

在音频系统中，振幅是信号在一段时间内（波段）高于（正峰值振幅）和低于参考点（负峰值振幅）的程度的度量。同样，交流在强调问题和答案类型方面也有一定的幅度。作为一名高管教练，克里斯·弗莱伯格博士的客户群是一群敏锐的听众，他们期望进行高保真度的对话。在这样的环境下，作为一名教练，最重要的是得到正确的问题和答案。

在音乐会之前，必须对乐器进行调音。与此类似，教练的大部分工作都是在实质性问题解决之前的连接和确认。例如，当高管分享一个故事时，教练会分享一个隐喻，以便确认教练和被辅导者是在同一起跑线上。

随着实质性对话的进行，要想获得正确的振幅，就需要利用五项高答商实践。例如，对于客户提出的关于为什么需要进行变革的重要问题，可以通过提供理论和故事来回答两次（高答商实践 2；见第五章），以便分别吸引主管的客观和主观感受。然而，在持续的对话中，仅仅按公式应用五项高答商实践是不够的。在一个给定的答案上可能会花费太多的时间，或者多个答案会导致混乱。

在谈话中找到合适的振幅是很微妙的。例如，给高管客户讲一个 30 秒的故事往往比 5 分钟的故事更有效。然而，偶尔 5 分钟的故事，再加上教练无可挑剔的表达，是必要的。不是每次谈话都必须提供所有的六种答案。如果问题是程序性的，那么在特定的会议上增加一个故事会分散谈话的实际重点。另外，一个很大的问题是，当信息已经收到时，答案会使谈话过度疲劳。想象一下，你去汽车经销商那里，你已经下定决心，你已经看上了一辆车，如果销售代表继续推销，那么他可能会失去你。如果你已经拿出支票簿，那么他没有理由继续向你推销。

然而，在其他时候，与教练一起使用所有的六种答案可以扩展思维。过分依赖故事的律师被打上了讲故事的烙印，只会耍小把戏。这是不好的。也许更糟糕的是，他开始通过故事看世界，而失去了其他答案类型的平衡视角。例如，他没有对过程进行压力测试，并且他的故事经常不受实际解决方案的约束。

教练的另一条失败之路是不能控制谈话。想象一下，一位高管问了一个"怎么做"的问题，但作为一名教练，你意识到他们并不了解大局。要想控制对话，你可以这样说："也许我告诉你如何做到这一点的最好方式是先给你讲一个故事，告诉你为什么这很重要。"通过提问和回答，高管教练必须引导客户洞察和建立联系。这需要一种有效地引导问题和答案的能力，并将对话引向不同的方向。提问和回答问题是一件战略性的事情。要了解哪个问题、哪个答案、哪种顺序决定成败。

最后，一个高效的高管教练也会注意一些线索来判断谈话是否顺利。例如，如果教练在谈话的过程中提出了更好的问题，那么这是一个好迹象。注意元对话。如果对方表示同意或点头，那就很好。如果他们说"不"或摇头，那就不是很顺利。阅读和回应他人的反馈，确保对话重点，这对于满足和超越挑剔的客户的期望是很重要的。

第十三章

品牌答商

布莱恩·格利布科夫斯基博士

工商管理硕士、LIMRA 领导力学院研究员、波士顿共同人寿保险公司董事长、首席执行官兼总裁小保罗·夸兰托

小保罗·夸兰托先生于 2012 年被任命为波士顿共同人寿保险公司总裁，成为自 1891 年公司成立以来的第七任总裁。他随后于 2014 年被任命为首席执行官，并于 2016 年被任命为董事会主席。在他的领导下，波士顿共同人寿保险公司取得了坚实的财务业绩，并将自己定位为未来成功的个人和工作场所保险市场的利基供应商。最近，他庆祝了在该公司工作30 周年。

小保罗·夸兰托先生还在美国人寿保险协会（ACLI）的董事会任职，包括担任董事会执行委员会和审计问题、消费者问题和税收问题的首席执行官指导委员会成员。他在 2019 年 10 月被任命为 ACLI 论坛 500 强理事会的主席，此外还担任 ACLI 的政治行动委员会（PAC）主席。

小保罗·夸兰托先生拥有科尔比学院的行政科学学士学位，安娜玛丽亚学院的工商管理硕士学位，并且是 LIMRA 领导力研究所的研究员。

特许人寿理财师、波士顿共同人寿保险公司对外事务和企业传播执行副总裁大卫·米切尔

大卫·米切尔先生负责促进波士顿共同人寿在行业和当地社区的外部关系，监督企业公民计划，并管理公司的整体营销和传播策略，包括品牌和企业传播。

大卫·米切尔先生拥有缅因大学学士学位、东北大学创新硕士学位，并获得了美国学院特许人寿理财师认证。

章节小结

132 年以来，波士顿共同人寿保险公司的品牌以家庭为中心。高管们是其组织品牌的管理者。本章由布莱恩·格利布科夫斯基博士和两位高管（小保罗·夸兰托和大卫·米切尔）共同撰写，探讨了波士顿共同人寿保险公司如何利用答商来理解和驾驭公司的品牌。我们指出了传统品牌建设方法的一个共同缺点——将品牌视为故事。是的，故事很重要，但品牌包括所有六种答商答案：故事、理论、概念、隐喻、过程、行动（图 13.1）。此外，本章还探讨了品牌和答商答案如何作为连接组织，指导组织中的所有大小决策。

图 13.1　品牌答商指在员工、客户和其他利益相关者之间的对话中提供关于品牌答案的能力

目标读者

任何负责组织品牌的高管都应该阅读本章。粗略地读一下这本书，你就会发现这六种答案似乎是显而易见的。但是，在很多情况下，比如品牌推广，并非所有的答案都值得赞赏。本章探讨了波士顿共同人寿保险公司的高管们是如何处理问答的。通过这个案例研究，你可以洞察到问答的全部潜力。最后，你可以用品牌来替代任何话题（销售、求职面试等），并考虑在你最重要的对话中，哪些答案可能是有意义的。

品牌的六个方面

根据印度的寓言故事，有六个盲人听说有一种叫大象的动物，但都没有亲身经历。他们找到了一头大象，并决定用他们的触觉来检查这头野兽。每个人都触摸了大象的不同方面，并向其他人解释了这个生物的真实性质。第一个盲人摸着大象的身体说，大象是一堵高墙。第二个盲人摸着象牙说，大象是一把长矛。第三个盲人抓着象鼻说，大象是一条蛇。第四个盲人摸着膝盖周围说，这头野兽是一棵树。第五个盲人摸着耳朵说，大象是一把风扇。第六个盲人握着尾巴说，大象是一根绳子。困惑不解的是，没有一个人能够就大象的真实面貌达成一致。

寓言《盲人摸象》与答商之间有相似之处，大象有六个侧面，答商有六种答案（理论、概念、故事、隐喻、过程、行动）。太多的沟通者无法理解这六种答案，相反，他们的优势有限。通常，视角会沿着答商风格缩小。在极端情况下，分析型的人目光短浅地偏爱理论和概念，关系型的人用故事和隐喻来感知世界，而实践型的人看不到行动和过程之外的东西。

这一章是关于品牌答商的，以故事视角为主。我们在谷歌上搜索了单词"品牌"加每个回答模式。"品牌故事"的搜索结果多达1200万条（图13.2）。狭隘地将品牌视为故事会形成一幅不完整的画面。一个品牌有六个方面。本章记录了波士顿共同人寿保险公司的努力，以及他们以六种回答的方式传达品牌承诺的历程。波士顿共同人寿保险公司成立于 1891 年，是一家拥有 132 年历史的营利机构。2012 年，在他们成功运营 121 年之后，作为首席执行官的小保罗·夸兰托决定，是时候为这个已经很强大的品牌发声了，要想办法更好地与投保人、经纪人（外部销售伙伴）、员工和更广泛的商界进行沟通。我们（小保罗·夸兰托、大卫·米切尔和布莱恩·格利布科夫斯基博士）一起选择了一家公关公司。不出所料，这个评选过程的主要内容是关于波士顿共同人寿保险公司的故事。抛开故事不谈，波士顿共同人寿保险公司在布莱恩·格利布科夫斯基博士的初步研究指导下研究了这六类问题的答案（这就是后来的答商框架）。

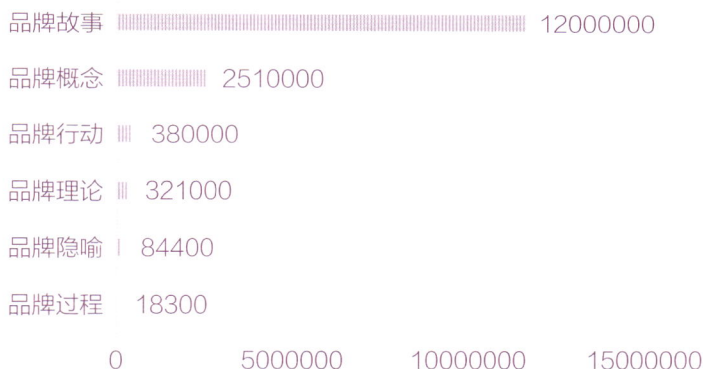

品牌故事　▕▕▕▕▕▕▕▕▕▕▕▕▕▕▕▕▕▕▕▕▕▕▕　12000000

品牌概念　▕▕▕▕▕▕▕▕▕　2510000

品牌行动　▕▕▕　380000

品牌理论　▕▕▕　321000

品牌隐喻　▕　84400

品牌过程　　18300

　　　　0　　　　　5000000　　　　10000000　　　　15000000

图 13.2　谷歌关键字搜索"品牌 + 答案模式"的结果

注：检索日期为 2020 年 5 月 14 日。

理论和概念

像大多数对品牌感兴趣的组织一样，波士顿共同人寿保险公司一开始就试图识别他们的故事。公司成立了一个跨职能、跨层次的故事委员会，试图揭开波士顿共同人寿保险公司的故事 DNA。许多故事被证实。布莱恩·格利布科夫斯基博士对故事进行编码，以便确定叙事模式。很明显，波士顿共同人寿保险公司是一个大家庭。从局外人的角度来看，保险公司作为一个家庭并不奇怪。人寿保险是投保人为减轻丧葬费用，为遗属提供经济保障而购买的一种无私的产品。因此，人寿保险公司将自己与家庭联系起来是很常见的。美国家庭保险集团的名字里就有"家庭"这个词。家庭在大多数人寿保险公司的信息中占据显著位置，提及保护家庭、为家庭设计的政策以及家庭的重要性，这些都是老生常谈。

尽管故事委员会发现了许多家庭故事，但是有些故事比其他故事更能引起共鸣。我们需要进行更多的批判性分析，以便确定作为波士顿共同人寿保险公司家族的确切含义。布莱恩·格利布科夫斯基博士回顾了有关家庭的学术文献。从这次审查中，他发现了强家庭模式（DeFrain & Asay, 2007）。这个模式起源于对大萧条时期度过危机的家庭的研究。这些家庭有三个共同的属性：他们有凝聚力，有弹性，并且沟通良好。在答商术语中，家庭的概念被维度化。这三个维度随后成为编排故事的标准。此外，凝聚力、灵活性和沟通良好成为实施程序和行动的目标。例如，波士顿共同人寿保险公司的客户服务代表将通过凝聚力、灵活性和与客户的良好沟通来维护其品牌。

我们随后讨论了关于家庭的故事、隐喻、过程和行动。在这之前，我们需要更多地介绍作为指导波士顿共同人寿保险公司的概念和理论的强家庭模式。强家庭模式是贯穿其所有后续品牌发展的主线。例如，在聘请公关公司时，波士顿共同人寿保险公司最终的标语或理念是"无论如何，家庭都很重要"。这个理念简明扼要地体现在了波士顿共同人寿保险公司网站的主页上：

> 在波士顿共同人寿保险公司，我们有一个简单的理念：对待每一个客户和每一个商业伙伴，就像对待我们自己的家人一样，无论

如何，我们认为我们的理念有很大的不同——这种不同使我们在超过 132 年的时间里保持强大。

真正的雇员、投保人和经纪人不受家庭关系的影响。但我们从家庭中学到的是，任何被相互支持的承诺捆绑在一起的群体都会因此变得更加强大。这就是在波士顿共同人寿保险公司，我们相信……家庭很重要的原因。无论它是什么。

——波士顿共同人寿保险公司

强烈的家庭理念根植于大萧条时期，当时的严峻形势要求家庭成员团结在一起。这一章是在新冠疫情的早期阶段书写的，这是另一个篇章。利用强大的家庭属性，问问自己的家庭会作何反应，是指导波士顿共同人寿保险公司决策的一个过滤器。例如，波士顿共同人寿保险公司的品牌手册进一步阐述了其强烈的家庭理念的品质。具体地说，应该平衡灵活性和内聚性。换句话说，可能提供太多或太少的灵活性或内聚性，这样做是不平衡的。从图形上看，灵活性和内聚性呈曲线关系。而沟通则呈线性关系，越多越好（图 13.3）。

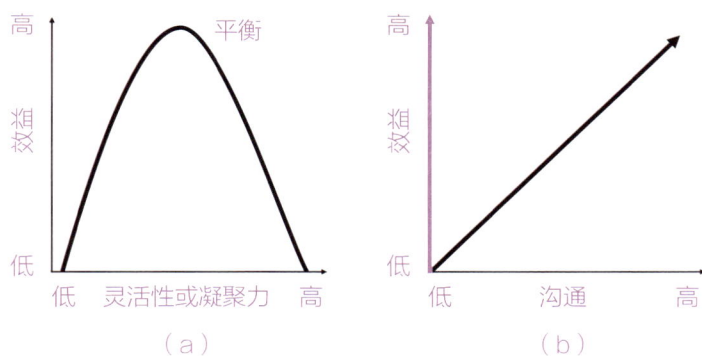

图 13.3 （a）灵活性或凝聚力与效益的关系；（b）沟通与效益的关系

更多的沟通总是更好的，这很容易理解。例如，波士顿共同人寿保险公司团队成员会定期通过多种方式（电子邮件和电话）进行沟通，以便确保信息得到传递。相反，认为太多灵活性或凝聚力是一件坏事的想法就不那么直观了。然而，你可以注重凝聚力和（或）灵活性。有一次，波士顿共同人寿保险公司的一个部门出现了太多凝聚力和太多灵活性的问题。这个部门的成员对外部销售伙伴有太多的亲和力。波士顿共同人寿保险公司员工的出发点是好的，他们想尽一切努力来取悦他们的外部同行。这种倾向导致了在没有遵循任何可重复程序的情况下，对请求进行逐一的特殊处理。当批准特殊要求的员工不在、被调走或无法工作时，事情就会变得很棘手。业务伙伴会抱怨没有得到特殊待遇。从经营或财务角度来看，这不是一个可持续的商业模式。在一个家庭中，必须保持对资源的管理，以便所有成员都能受益。

为了设定期望——对员工、经纪人或任何利益相关者群体，强家庭模式提供了两层指导。第一，简单的经验法则提供了指导。具体来说，灵活性和凝聚力应该得到平衡。此外，当有疑问时，组织应该提供更多的沟通。对于许多对话，简单的经验法则已经足够。如果有人偏离了强家庭模式的原则，管理者的一句话，或在全体人员会议上的强调，可能就是调整期望值所需的全部。

第二，强家庭模式根据需要提供了精确性。每个强家庭维度（灵活性、凝聚力和沟通）都可以进一步细分（表 13.1）。例如，灵活性包括四个子维度（变革、纪律、领导能力和角色共享）。这种在子维度层面上的具体化程度，使人们对每个概念的理解更加深入，沟通更加精确。例如，波士顿共同人寿保险公司已经开发了具体的营销资料，以便加强灵活性的子维度。此外，对于维度的理解可以使其他回答模式受益。例如，在掌握了角色共享的概念后，波士顿共同人寿保险公司可以将角色共享的故事编入目录，在客户服务培训中提供，或者制定具体程序，在客户服务中实施角色共享。

表 13.1 波士顿共同人寿保险公司的强家庭价值观

灵活性			
子维度	不平衡（过于多变）	平衡	不平衡（过于死板）
变革	变革过少	必要时变革	变革过多
纪律	纪律松弛	纪律民主	纪律严格
领导能力	领导能力缺乏	共享型领导能力	专制型领导能力
角色共享	角色转变剧烈	角色共享	角色转变甚少
凝聚力			
子维度	不平衡（过于疏远）	平衡	不平衡（过于亲近）
利益	高度关注自己，较少关注他人	高度关注自己和他人	较少关注自己，高度关注他人
处理问题 *	高度独立	相互依存	高度依赖
沟通			
子维度	强家庭属性（越多越好）		
正直	强调在任何时候都要坦诚相待，实事求是		
影响力	家庭成员努力做出改变，不浪费任何沟通机会，并以明确的方式表达想法		
倾听	共情、专心倾听、给予反馈		
及时	必要时及时沟通		

* 处理问题涉及三种行为（问题识别、寻找替代方案和价值分配）。当问题处理方式平衡时，其结果是双方高度相互依存，因为每一方的问题都被识别，每一方的替代方案都被研究，而价值的分配使双方都受益（双赢）。

概念通过添加因果关系变成了理论。强家庭模式描述如下（图 13.4）。这可能不是很明显，但家庭是以目标为导向的。在大萧条中幸存下来的家庭是灵活的、有凝聚力的，并且沟通良好。其目标是生存。除了生存以外，传统家庭在许多其他方面也是目标导向的。例如，家庭一起工作，帮助女儿成为第一代大学毕业生。通过共同努力，一个家族企业的目标是赢利和持续发展，将企业从一代传到下一代。

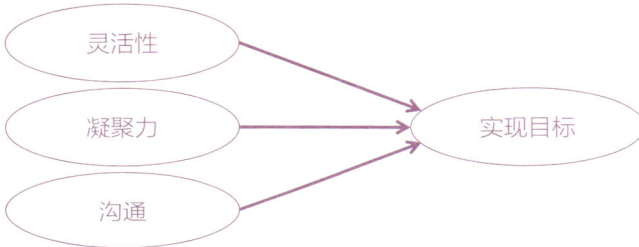

图 13.4　强家庭模式

当然，企业通常都有目标——在整个公司、部门、团队和员工层面都是。通过将传统的商业目标与强大的家族精神联系起来，波士顿共同人寿保险公司的目标实现被赋予了额外的意义。简而言之，作为一个家族，如果波士顿共同人寿保险公司是灵活的、有凝聚力的、沟通良好的，那么组织的每个层面的目标都会实现。事实上，作为一个强大的家族，波士顿共同人寿保险公司的运作很好。2017 年，他们得以从一家全国公认的寿险机构评级机构获得大幅提升，从 A- 提升到 A 级。对于像他们这种规模的公司来说，这是一个特别值得注意的成就，因为这种评级通常只保留给最大的寿险公司。此外，波士顿共同人寿保险公司已经连续 16 年盈利强劲，并拥有多代客户，证明了这个强大的家族品牌的持久性和黏性。

故事和隐喻

以强家庭模式为重点，故事委员会将反映强家庭模式的三个主题（灵活性、凝聚力和沟通）的故事编入目录。在营销资料、网站、行业活动和日常对话中，鼓励员工分享传奇故事，并进一步开发与强大家族品牌一致的故事。强势家族维度作为重要的主题，定义了无形的护栏，为波士顿共同人寿保险公司的组织故事讲述指明了方向。表13.2是故事委员会收集的故事的说明性汇编。

波士顿共同人寿保险公司是一个强大的家族，这是该组织的定义隐喻。在132年的历史中，波士顿共同人寿保险公司始终是一个大家庭。品牌沟通之旅告诉我们，波士顿共同人寿保险公司不仅仅是一个家庭，而且是一个强大的家庭。一个强大的家庭是灵活的、有凝聚力的、沟通良好的。一个有效的隐喻超越了陈词滥调，提供了一个新的视角，甚至是看似熟悉的家庭概念。被认为理所当然的死隐喻和充满意义的活隐喻之间是有区别的。强大的家庭（强调强大）为大萧条增添了惊喜和结缔组织，并重新唤醒了对家庭真谛的理解。这个强烈的家庭隐喻让员工、投保人、合作伙伴和任何接触过波士顿共同人寿保险公司的人感到高兴。

表 13.2 关于波士顿共同人寿保险公司的强家庭故事汇编

故事名称	故事描述	强家庭维度
亲自交付	"附近的购物中心发生了一起抢劫案。圣诞节到了。巡警被枪杀。他是波士顿共同人寿的投保人。我的同伴想都没想，直接跳进自己的车，从镇上拿到了死亡证明，亲自交付理赔。"	灵活性

续表

故事名称	故事描述	强家庭维度
丢失的婚戒	"我在这里的前 6 个月，我的 25 周年纪念日到了。我妻子给我买了这个戒指，它太大了。她说，'不要戴它'。而我却戴上了它。过了一半儿，它就从我的手指上脱落了，不见了。我以为它已经完了。我重走了一遍，去了洗手间，找不到它。总之，波士顿共同人寿保险公司的员工迈克和莎拉帮我在垃圾堆里挖了两个多小时。他们手忙脚乱，我们在检查的最后一个袋子里找到了它。我们当时准备放弃了。我只是非常感动，这些人甚至不认识我，他们把自己的手弄脏了。你知道那些在垃圾中的东西。我也在那里，但我很慌张。我必须在场，因为这对我来说具有象征意义，但他们卷起袖子来帮忙。我们找到了戒指，我喜出望外，我给保罗·佩特里（波士顿共同人寿保险公司前首席执行官）发了电子邮件，我说：'我想告诉你，我对迄今为止在这里遇到的人员印象非常深刻。他们花了很多时间。我担心得要命。'他只是简单地回信说：'没错，这就是你在这里会遇到的人。'"	凝聚力
错误的付款	"一位可怜的女士本应该给我们寄 9.6 美元，但她寄了 960 美元。这位小老太太，我马上给她打了电话，因为我知道她会取消一切活动。我们马上就把钱还给她了。如果我们收到一张不属于我们的支票，我们可以确定它的去向，我们会很快把它转交给抵押贷款公司或类似的机构，这样他们就不会受到滞纳金的打击。"	沟通

过程和行动

强家庭模式提供了三个操作目标（灵活性、凝聚力和沟通），员工对照这些目标实施过程和行动。品牌培训课程为员工明确了平衡灵活性和凝聚力的抽象标准，同时强调沟通。例如，波士顿共同人寿保险公司的客户服务代表被告知，当有特殊要求时，他们应该向外部销售伙伴提出更多问题，以便充分了解所要求的内容。此外，通过记录特殊要求的每个方面，波士顿共同人寿保险公司的客户服务代表能够将要求细分。然后将其与现有的解决方案清单进行比较。这大大减少了被批准的特殊要求的数量（防止太多的灵活性），因为这些要求大多数被转化为现有的解决方案。只有当现有的解决方案不可用时，才会考虑特殊要求。此外，这些过程保持了凝聚力的平衡，并专注于业务关系。满足客户需求的热情可以保持，但它可以被引导到一个健康的反应程度，以便满足所有参与者的最佳利益。总之，品牌培训通过建立明确的过程和行动来平衡凝聚力与灵活性，同时最大限度地加强沟通，使员工有能力实现品牌力。

　　一般来说，当工作需要完成时，波士顿共同人寿保险公司会问自己："一个强大的家庭如何进行＿＿＿＿？"（说明：插入任何业务主题——领导能力、辅导、创造能力等，或任何职能领域——销售、营销、客户服务等）。例如，当小保罗·夸兰托成为首席执行官时，他问道："一个强大的家庭如何进行首席执行官的过渡？"在一个传统的家庭中，当变化发生时，家庭成员分享他们的关注和兴奋是很重要的。因此，小保罗·夸兰托实施了小组倾听会议，与公司的每个员工进行沟通。在这些沟通会议中，强家庭模式的几个方面得到了充分展示。例如，倾听（每个员工都得到了小保罗·夸兰托的充分关注）、诚实（会议是保密的）和及时性（在小保罗·夸兰托的日程表上优先设置这些会议，以便它们都能尽快完成）。还有人会问："一个强大的家庭如何进行客户服务？"。答案是，家庭成员在需要的时候参与进来，分担角色对一个家庭的变化和灵活性非常重要。因此，波士顿共同人寿保险公司强调交叉培训。这种简单的提问技巧使波士顿共同人寿保险公司能够将所有工作带回强大的家族品牌中。

总而言之，在波士顿共同人寿保险公司，品牌是一个六面的命题。在思想上，波士顿共同人寿保险公司的品牌代表了其员工对强家庭概念和理论的认同。当员工想到家庭时，他们会想到强家庭模式，其三个维度（灵活性、凝聚力、沟通）以及强大的家庭如何实现其目标。在情感上，波士顿共同人寿保险公司的品牌代表了员工的重要情感（故事和隐喻）的沉淀。生动的故事被内部和外部分享，以便唤起与生活在一个强大家庭中相关的积极情感。强家庭模式的隐喻是活生生的，作为一个紧凑的、充满情感的接触点，加强了他们的共同身份。在实践中，强家庭模式指导着日常工作的过程和行动。当一个工匠与他的工具合二为一时，他成了工具的化身。例如，锤子成为手的延伸，手和木柄之间的区别消失了。同样，波士顿共同人寿保险公司的员工有很强的家庭工作习惯，这些习惯是渗透到所有过程和行动中的第二天性。

相互关联的点点滴滴

你不可能在向前看时把点点滴滴串联起来，你只能在回顾时将它们联系起来。所以你要相信，这些片段会在你的未来以某种方式串联起来。你必须相信某些东西——你的勇气、命运、生命、因缘，等等。这种方法从来没有让我失望，它让我的生活变得完全不同。

　　　　　　——2005 年史蒂夫·乔布斯在斯坦福大学毕业典礼上的演讲

2005 年，史蒂夫·乔布斯在斯坦福大学毕业典礼上发表演讲，他告诉毕业生，事后看，点点滴滴总是相互联系的。在类似的意义上，科学也强调理论之间的相互联系，这被称为名词学网络。正如真正的理论可以与其他真正的理论相联系一样，我们相信所有六种答商答案类型也是如此。例如，在本书中，提出了十几个关于答商的隐喻，包括本章中介绍的答商是盲人摸象（见第四章答商隐喻说明表）。每个答商隐喻都是独立存在的，但它们可以交织在一起，解释和放大彼此，并代表答商的许多方面。史蒂夫·乔布斯在他的演讲中继续描述说，每个人都需要确定各种联系，将其黏在一起并指导他们的所有决定。可以说，品牌是一个决定性的属性，它将所有大大小小的组织决策连接在一起。这对波士顿共同人寿保险公司来说无疑是事实。

当波士顿共同人寿保险公司试图将他们面临的众多选择联系起来时，他们依赖强大的家族品牌来指导他们。如果波士顿共同人寿保险公司有自我意识，并且足够努力地观察，他们就可以根据所讨论的决定是否与强大的家族品牌相一致，来决定任何决定（一个点）是否应该与其他点相连接。看看下面的例子。许多公司都在与情商以及情商对公司的重要性作斗争。波士顿共同人寿保险公司也不例外。随后，波士顿共同人寿保险公司的一个故事浮出水面，经过自我反思，情商的重要性得到了明确的体现。这个故事是由波士顿共同人寿保险公司的一位高管讲述的，并由布莱恩·格利布科夫斯基博士在几年前誊写下来，作为对波士顿共同人寿保险公司研究的一部分。故事记录了现任波士顿共同人寿保险公司首席执行官小保罗·夸兰托和前任首席执行官保罗·佩特里之间的一次会面。在那次会议上，小保罗·夸兰托是公司的高级副总裁，与当时的首席执行官保罗·佩特里并不熟悉。

小保罗·夸兰托分享了一个故事。有一次他在工作中遇到了问题，他和我们的董事长兼首席执行官保罗·佩特里在一起。保罗·佩特里看见他在看手表，就问："你要去什么地方吗？"小保罗·夸兰托说："我儿子有一场橄榄球比赛，我希望能赶上。"保罗·佩特里问："我可以和你一起去看吗？"小保罗·夸兰托说："当然可以。"于是，他们一起去看了橄榄球赛。保罗·佩特里是比赛中声音最大的球迷。这是一个关于我们公司类型的传奇故事。

在一次高管会议上（布莱恩·格利布科夫斯基博士和小保罗·夸兰托出席了会议），人们分享了这个故事。在这次会议上，这些点点滴滴被串联起来，以至于波士顿共同人寿保险公司的高管们确信，情商应该是波士顿共同人寿保险公司招聘决策的一部分。请看以下阐述。

如果你作为一个知情的读者，你会认识到这是一个关于情商的故事。作为一个概念（答商答案类型），对情商的一个普遍看法是，它包括三个方面：情绪感知、情绪理解和情绪调节。具体来说，当保罗·佩特里注意到小保罗·夸兰托在看他的手表时，这就是情绪感知的一个例子。许多人每天都参加会议，其中有多少人会对一些小的线索视而不见？比如看一眼手表，这可能表明情绪紧张。不幸的是，许多人由于情商较低，在紧迫的商业事务中（例如副总裁和首席执行官之间的会议），可能会对其他人发出的情绪线索视而不见，或者无法调出这些线索。保罗·佩特里的情况并非如此。他注意到小保罗·夸兰托在看他的手表。这个小信号在简短的对话中被放大了，保罗·佩特里意识到小保罗·夸兰托想观看他儿子的橄榄球比赛。在一个快速的序列中，保罗·佩特里无疑与小保罗·夸兰托产生了共鸣，也许反映了他的孩子年轻时，家庭是多么重要。这表明了对情感的理解。最后，至关重要的是，保罗·佩特里能够冷静地调节自己的情绪，并建议（毫不犹豫地）他应该陪同小保罗·夸兰托去看橄榄球比赛。同样，我们当中有多少人能够这么好地调节自己的情绪？也许我们中的许多人会满足于一个有同情心的反应，比如"我们尽量提前结束这次会议，也许你能赶上第四节比赛"。这就是中等程度的情商和高程度的情商之间的区别。

在分享了这个故事以及与情商的关系后，所有在场的人都被说服了。

接下来，讨论转向了这是否与家庭有关。这部分的讨论很短，但从直觉上可以看出，强大的家庭成员应该具有高情商。直到几个月后，布莱恩·格利布科夫斯基博士想出了一个解释，并与班里的学生分享。

在课堂上，布莱恩·格利布科夫斯基博士说："想象一下，你是一位父亲（母亲），你可以选择在孩子出生时用魔法赋予他特殊的能力。你的孩子可能很聪明（高认知智力），你的孩子可能很认真（大五人格特征），或者你的孩子可能会为他人着想（高情商）。你会选择哪一个？"

随后，课堂讨论不出所料地出现了三个阵营。接着，布莱恩·格利布科夫斯基博士强调："从家庭的角度来看，哪一种能力最相关？"这种强调家庭的重构改变了人们的观点；所有人都举手赞成赋予孩子情商。布莱恩·格利布科夫斯基博士打断讨论，说道："父母希望他们的孩子拥有很多能力，但善待他人是最重要的。"

回到波士顿共同人寿保险公司的高管会议上，这个故事可以映射到情商（概念）上，两者都与强大的家族品牌有关。然而，为了了解情商是否可以提高波士顿共同人寿保险公司的绩效，我们进行了进一步的探索（理论：情商→工作绩效）。会上讨论了研究情商的元分析（一种统计学上的组合）的结果。具体来说，研究结果表明，在情绪主导的劳动工作（例如客户服务或销售）中，情绪调节对工作绩效有积极影响，但在非情绪主导的劳动工作（例如会计、计算机程序员）中，情绪调节和工作绩效之间是不相关的。对这些发现的一个可能的解释是，所有的人都有表现自己情商的需要，但不是所有的工作都需要情商。因此，在非情绪主导的工作中表现出来的情商，有时最终是不正常的。有了这种对证据的解释，可能的结论是，在波士顿共同人寿保险公司，只有在情绪主导的工作中才应该强调情商。

波士顿共同人寿保险公司的高管们进一步提出了一个假设。也许波士顿共同人寿保险公司有一种情感主导的氛围，一种让所有员工的情绪智力都能蓬勃发展的环境。最后一个问题是：如何在波士顿共同人寿保险公司运用情商？广泛的想法是将情商作为选择员工的标准。会议结束，强大的家族品牌和情商之间的关系被连接起来。

我们之前没有提到这一点，但连接点点滴滴是与答商有关的六个答案的隐喻。波士顿共同人寿保险公司知道强大的家族品牌对他们来说是真实的，因为所有答案类型（理论、概念、故事、隐喻、过程、行动）都是相关联的。此外，更重要的是，史蒂夫·乔布斯在他的毕业演讲中说，每个人（我们延伸到组织）都需要有一个联系网，将所有的大小决定固定在一起。在波士顿共同人寿保险公司，这种联系网就是强大的家族品牌。我们会补充说，情商中的答案是相互联系的。橄榄球比赛（故事答案）与情商的三个维度（概念）有关。波士顿共同人寿保险公司的情商已被证明与工作绩效有关（理论）。最后，情绪智力在波士顿共同人寿保险公司的员工选择方面得到了实施（过程／行动）。然后，组织进一步可以将情商的任何答案与强家庭模式的任何答案联系起来。例如，橄榄球故事立即被在场的人认定为是一个家庭故事。此外，家庭氛围也被带入了情商的理论中。在答商术语中，答案连接着决策之间的点点滴滴。

第十四章

财富管理答商

布莱恩·格利布科夫斯基博士

美国中北大学经济学与金融学助理教授、金融素养中心主任瑞安·德克博士

瑞安·德克博士是中北大学金融素养中心的创始人和主任，以及经济学和金融学教授。他在普华永道的国际金融领域获得成功后，来到了中北大学。

章节贡献者

我们感谢三位同意接受本章采访的财富管理者。为了简洁明了，一些采访的引文已经被编辑过。

大卫·福托西斯：国际金融理财师、ClearCounsel 法律咨询公司顾问

安妮塔·诺茨：工商管理硕士、卡拉莫斯资产管理公司客户关系管理部负责人兼高级副总裁

彼得·帕利利：注册私人财富顾问、工商管理硕士、Altair Advisers 财富咨询公司总监

章节小结：财富管理涉及高净值和超高净值群体的投资管理及理财规划。我们确定了两个主题及其与答商的关系，以供进一步探讨。首先，我们考察了技术和答案之间的关系。在一个既依赖人类又依赖技术的行业，考虑到这个行业对技术的日益依赖，我们探索了人类如何提供答案（图14.1）。其次，我们研究了客户体验，以及财富管理者及其机构在处理个人理财事务时如何精心安排答案，以便超出客户的预期。为了提供行业内部的观点，我们在本章采访了三位财富管理者。

目标读者：本章是为财富管理者和从事咨询顾问的个人准备的。更广泛地说，本章对任何由技术和人提供答案的行业都有影响——这几乎包括所有行业。财富管理的客户是有眼光的——他们有钱，有见识，有选择与谁合作的权利。除了对财富管理人的影响外，本章还对任何涉及有鉴别力的沟通者的对话有影响——那些更有可能做出判断（关于对话的质量）和有选择（与谁沟通）的人。

财富管理行业在随着时间的推移不断发展。我在这个行业已经超过28年了。当我刚开始的时候，重点主要是资产配置等技术性考虑。这与分析风格（理论和概念）有关。然而，随着财富管理的唤起，现在它涉及一个更全面的财富管理概念，唤起围绕财富和规划的讨论。现在，我相信关系型风格（故事和隐喻）在与客户的问答中要普遍得多。我们有各种各样的客户，我们必须知道在哪里可以满足客户。

——安妮塔·诺茨

图 14.1　财富管理答商是指在财富管理者和客户之间的对话中提供答案的能力

　　前面的引述与我们为本章采访的三位财富管理者的观点一致。它提出了几个答商相关主题。在过去的几十年里，财富管理者回答的重点已经从分析型（理论和概念）转向关系型（故事和隐喻）。这种转变与技术和信息的角色演变是同步的。在技术充分进步之前，财富管理者和任何管理自己财务的人，都被要求使用复杂的经典财务管理理论，手动平衡资产配置。随着时间的推移，这一过程已经过渡到由计算机操作，它们可以运行高级统计模型，比财富管理人员人工操作要快得多、高效得多。同样，周期性的再平衡在历史上也要求财富管理人员手动执行许多活动。技术进步已经把负担转移到了电脑身上。技术的进步在金融市场基础设施领域也很明显，这使"基金中的基金"得以创建和提供。基金中的基金的一个常见例子是目标日期退休基金，其中投资者可以投资于一个特定的基金，然后根据通常由计算机确定的资产配置投资于多个其他基金。这些目标日期基金的资产配置通常每年都会进行重新配置，以解决目前投资者退休时间缩短的问题。这些基金把曾经由财富管理者（或个人）完成的一项乏味的任务，变成了面向所有投资者的一项功能。

　　与此同时，财富管理的视野也变得更加全面，更加关注客户的需求和目标。理财经理经常用故事和隐喻来传达需求和目标。尽管科技在进步，但计算机以最人性化的形式（故事和隐喻）与客户交互的能力还没有被自动化。因此，在财富管理行业，"人情味"仍然是必要的，而许多后台服务（如资产配置、税务软件）往往是由计算机自动化操作的。

　　随着财富管理转向更全面的服务，人们现在期望财富管理人的服务范围不仅包括投资管理，还包括税收和遗产规划。随着这种更广泛的服务的普及，客户体验的期望值也在增加。因此，财富管理行业的一个重点是客户体验，即研究如何令客户超越预期。在这里，我们从财富管理人应关注的答案类型来研究客户体验，以使他们有效地与客户沟通。

人类、技术与答案

软件正在吞噬世界。

——马克·安德森

在财富管理方面，技术无处不在；财富顾问的替代者有一个名字——机器人顾问。一个不断增长的行业已经产生，即金融科技，其重点是通过技术提供金融服务。在极端情况下，没有传统的财富顾问（即人类）。人类与机器的主题让人想起了《终结者》电影。许多行业都涉及人类与机器的关系。机器人顾问和金融科技已经进入了中等净值及以下水平的金融咨询市场，在那里，投资者不一定要寻找整体的财富管理服务。然而，财富管理顾问——他们寻求为高净值和超高净值客户提供服务——已经看到了技术的补充作用。事实上，许多雇用财富管理师的大型金融机构通常会以比主动管理账户更低的成本向客户提供机器人咨询服务。然而，由于财富管理的整体性越来越强，财富管理公司并不只关注财务顾问服务，财富管理师仍然通过税收和遗产规划服务提供人性化服务。

本节研究了人类在财富管理中最擅长提供的答案，并将讨论对各种答案其他高接触行业的影响，以及人类相对于机器需要擅长的答案类型。

分析型答案（理论和概念）与技术

在没有提示的情况下，当我们问及分析型答案（理论和概念）时，我们采访的财富经理会将这些答案与计算机提供的答案联系起来。他们的回答是由他们的默认框架决定的。他们通过与金融模型和算法相关的"经典金融管理理论"的视角来看待分析型答案，其中大部分答案已经被计算机和人工智能自动化。例如：

> 技术可以告诉你的风险评分和你应该如何配置资产，数据表明，定期重新配置的投资组合将减少波动性，目标回报相同。这是理性投资者想要的。他们只需要管理账户，这可以节省时间。
>
> ——大卫·福托西斯

然而，随着变量的增加，并考虑到每个人的情况是独特的，人的决策对财务管理理论仍然是重要的。比如说：

> 我认为技术很难做到的是，当客户需要知道："对于收入为 X 美元的我而言，应该选择罗斯个人退休账户还是传统个人退休账户？若每个月有 2000 美元的盈余，根据家庭的目标，这些钱应该分配给退休、上大学、应急基金储蓄、首付还是债务服务，或它们的一些组合？什么是正确的组合？"也许技术可以做到这一点，但现在这是它的不足之处。它可以在一定程度上给出建议，但它不能在一个人的财务生活中存在的所有变量的情况下给出建议。
>
> ——大卫·福托西斯

进一步挖掘后，财富管理者们承认使用了许多金融以外的理论。一位财富管理者讨论了理性投资的局限性，认为心理学对于理解客户的情绪非常重要。事实上，行为金融学是一个完整的细分领域，它的建立是为了理解心理学、社会学、神经学和其他学科对金融决策的多学科和更广泛的影响。由于需要使用多种视角来观察客户关系，技术很难自动实现行为金融所设想的全部广度。正如诺贝尔和平奖得主理查德·塞勒（Richard Thaler）所指出的："我预测在不远的将来，'行为金融'一词将被正确地视为一个多余的短语。还有什么其他的金融呢？"他在 1999 年发表的《行为金融的终结》一文中，有预见性地总结道。泰勒正在描述，当涉及金融决策时，人们的行为是非理性的。行为金融学的研究旨在了解为什么人们总是做出糟糕的、非理性的金融决策。财富管理者的工作是指导他们的客户通过他们的财务决策，并鼓励健康的金融行为。

在财富管理等复杂的销售和咨询关系中，分析型答案（理论和概念）往往以微妙而不可避免的方式流行，它超越了所提供的服务，比如定义个人之间的关系。在本章的后续小节中，我们将讨论信任在与客户建立关系中的作用。当我们采访财富管理者彼得·帕利利时，他在开场白中突出了自己作为服务型领导者的生活方式，这是他在接受 MBA 教育期间学到的一种领导力方法。经过检查，我们（布莱恩·格利布科夫斯基和瑞安·德克）在他的财富管理公司网站和领英网站个人资料中发现了仆人式领导的相关信息。简而言之，仆人式领导的概念对彼得很重要，他会与客户开诚布公地交流。他认为，他的仆人式领导方式是其他人愿意与他共事、客户信任他的一个原因。此外，我们采访的每一位财富经理都有各自的哲学和支柱公司的哲学，这些概念用答商的语言表达，是与客户沟通的重要关系定义元素。

总之，在财富管理对话中，与经典财务管理理论相关的理论和概念，与计算机提供的自动答案相关。我们怀疑这一发现可以推广到许多其他类型的对话中。具体来说，一个单一的分析主导的理论和概念可以被技术自动化。然而，正如财富管理者所证明的那样，随着单一主导视角的复杂性增加（例如，经典财务管理理论中所考察的变量），以及多个分析视角——例如那些被行为策略（例如心理学、社会学）、个人哲学（例如仆人式领导）和公司哲学（例如投资策略）所承认的视角——相互叠加，计算机就更难自动处理重要对话中提供的全部复杂分析答案。

关系型答案（故事和隐喻）与技术

我们采访的每一位财富管理人都认为故事和隐喻是他们与客户相处的重要答案。风险容忍度分数和财务回报可以计算出来，这与经典的财务管理理论是一致的，但这些数据往往不能以人的角度向财富管理人传达信息。请看下面这个故事，它说明了如何通过故事来捕捉生活经历。

> 想象一下，有一对夫妇，各自有着不同的经历。丈夫的成长环境中，钱从来不是问题。他的父母在 62 岁时就退休了，幸福得不得了。丈夫向妻子抱怨，他们过着穷困潦倒的生活，而妻子一心想要省下每一分钱。相反，妻子的故事正好相反，钱是成长中的问题。对财富经理来说，听取这两个故事是很重要的。当对这对夫妇的财务目标进行预测时，我们发现这对夫妇比计划提前 10 年达成了目标。有了这些故事，财富经理就可以与妻子讨论，为了婚姻的幸福，他们可以承受得起在储蓄率上放慢脚步。
>
> ——大卫·福托西斯

更为普遍的是，客户的目标往往不是以鲜明的金融术语来传达的。当财富管理者问道："你的目标是什么？"一个答案可能是击败标准普尔指数，这是一个分析型答案。然而，更多的时候，客户会用故事来表达他们的目标，比如希望支付孩子上大学的费用，或者希望提供可供一代人享用的遗产。一个有效的财富经理会把客户的故事回传给他们，以激励、重申或重新引导客户的方式，这与行为金融学是一致的。此外，财富经理将使用他们自己的故事来进行有效沟通。请看以下例子：

> 有的时候，当你与首席级别的高管合作时，这些人会希望你合作的人像他们一样……比如股票集中度很高……他们想听一个以"和你一样"为开头的故事。故事很重要。
>
> ——彼得·帕利利

隐喻对于传达重要的财务管理理念也很重要。例如：

> 制订财务计划就像盖房子一样。有一个基础——现金流、预算和保险。地下室很无聊。但没有它，你的房子撑不了多久。
>
> ——大卫·福托西斯

虽然我们很容易认为故事和隐喻是人类的专利，但有可能计算机只是还没有在财富管理的关系型答案中占据一席之地，但它们可能会在某个时候出现。有趣的是，计算机科学家已经开发了基于隐喻思维的数学模型，被称为结构映射理论，它允许计算机使用隐喻推理来"描述事物，解决问题，说明因果关系，并衡量道德困境"。我们认为，在与客户的自然语言对话中，计算机将发展出使用隐喻（即前面提到的房屋隐喻）和故事（即"和你一样"的故事）的能力，这是可能的，而且也许是可能的。它可以采取人工智能的形式，以及（或）采取简单的"if-then"（如果－则）逻辑的形式。故事和隐喻的目录可以被开发出来，输入数据库，供财务顾问（人类）或机器人顾问使用。

实用型答案（过程和行动）与技术

一个广泛的观点是，技术是"用于解决实际问题的方法、材料和装置"。技术可以成为任何促进工作的东西。锤子和轮子是古代技术。现在，技术可以由计算机自动化（计算机技术），也可以由人类管理，作为过程和行动（人类技术）。我们采访的三位财富管理者认为，人类和计算机技术在提供过程和行动答案方面都发挥着重要作用。在人的方面，高效的财富管理人强调过程：

> 真正成功的顾问对每件事都有一套流程，无论是后台操作还是与客户的对话。如果是某件事，他们做了超过 1 次，就会有一个文档化的过程。
>
> ——大卫·福托西斯

在会见潜在客户时，财富管理人会运用一些过程来设定预期：

> 我们使用的一个最能引起新客户共鸣的图片是一张幻灯片，展示了他们在前 60 天、90 天、120 天和以后每个阶段可以期待什么。他们对我们的服务有了更好的了解，也知道我们可能需要他们提供什么，以帮助我们更好地了解他们。在每个阶段或时间框架内（在幻灯片上显示为一列），都有一些子议题，这些议题被分解成更小的对话。我们发现，设定预期是提供积极的客户体验的关键。
>
> ——安妮塔·诺茨

在分析型答案的延伸中，计算机被用来执行财务管理交易。例如，一个投资组合需要重新配置（强调数学公式），而在实践中，这个金融交易必须被执行（在现实世界中）。通常情况下，分析型答案（概念和理论）和实用型答案（过程和行动）之间的区别是前者的纸上谈兵，但计算机程序被设计为同时做这两件事。

过程和行动的一致性是必要的，对客户和财富管理者都是如此。例如：

> 如果财富管理者试图用 100 名客户来重塑程序，作为顾问，你会有很大的压力。你无法向消费者提供一致的产品。

> ——大卫·福托西斯

虽然实用型答案可以提供一致性，但你可以将过程和行动标准化的程度总是有限的。例如初次谈话，你只能收集有限的信息。如果你收集了太多的信息，就会有一个阈值，客户将不想提供更多的信息（因为这需要太多的时间）。相应地，过程和行动往往被概括为广泛的条款，但广泛计划的具体执行往往随着时间的推移而有机地展开。

客户体验

客户体验代表了客户在一个组织中的所有体验的总和。客户体验包括在网站上的互动、社交媒体、消费产品和服务，以及与客户的任何其他接触点。许多行业，包括财富管理，都在制定客户体验战略以超越客户的期望。财富管理公司建立了客户体验委员会，从整个公司中抽调人员。用答商术语来说，这些委员会的目标是寻找为客户提供更好答案的方法。

客户体验委员会的每一个人都很重要，可以确定向客户提供答案的机制。项目经理虽然不面对客户，但也是答案供应链的重要组成部分：

我发现，在客户体验委员会中有一个项目经理很重要，因为她负责监督 CRM 数据库。CRM 数据库是收集客户个人信息［其孩子、大学、宠物、假期、父母（活着／去世）］的地方。这些信息代表了客户故事的组成部分，最终有助于我们真正了解客户并提供更好的体验。在客户体验委员会中，这个项目经理倾听顾问们在想要更好地了解他们的客户时所说的需求。为了构建客户故事，CRM 数据库必须包罗万象。

——安妮塔·诺茨

前面的例子表明 CRM 信息用于构建故事。也许 CRM 领域可以扩展为一个包括故事和隐喻领域的系统，顾问可以在与客户的会议中填充和参考。例如，顾问可以在 CRM 中记录一个有效的故事或隐喻，以便在该客户或其他类似的客户的交易中重用。此外，运动隐喻可以与喜欢运动的人共享，而其他类型的隐喻（商业、家庭等）可以与不同的人相关。

几年前，布莱恩在一家咨询公司有过客户体验相关的经验，这家公司在客户关系管理方面有点"热情"。一位顾问分享了一个他的客户如何热爱模型飞机的例子。这种热情在客户关系管理中得到了体现，还在过程和行动方面得到了培养。具体来说，顾问通过电子邮件向客户发送了关于模型飞机的文章，亲自邮寄了一架模型飞机，并为客户购买了模型飞机表演的门票。所有这些活动在 CRM 工作流中都被标注为"待办事项"和"注释"。通过这种方式，CRM 可以帮助促进多种类型的问题解答（概念、过程和行动；在这个模型飞机的例子中）。总之，所有六种答案类型都可以在 CRM 中记录下来。

面对客户的财富管理者需要进行与客户体验相关的对话，交流需要是有效的。对话的有效性往往取决于微妙的因素。例如，我们一位受访的财富管理者并不害怕在问题后使用长时间的停顿，在必要时等待答案。如果没有这些长时间的停顿，真正的答案，或最周到的答案，可能会被错过。此外，在客户会议期间，我们采访的另一位财富管理人表示，他们在记录回答（答商术语的答案）的便笺上做了记录。他们有软件，但便笺更人性化，并为分享信息创造了一个开放的环境。在瑞安工作期间，他与一位经验丰富的财富管理者共事，他在与客户交谈时不做任何记录。相反，这位财富管理者在与客户会面后立即使用录音机，记录客户的意见和财富经理的建议。然后，这些录音被工作人员输入到 CRM 中。该顾问认为，除非他真正做到倾听，否则他无法有效地倾听。这与目前使用的许多枯燥的调查形成了对比。调查有自己的立场，在一次一对一的对话中，理财经理可以在一次会面中记录下一页页的信息，而调查信息只占这些信息的一小部分。

客户体验对话的微妙之处延伸到了五项高答商实践（本书第二部分介绍）。例如，高答商实践 4，用风格回答，表明识别和回应客户的回答风格偏好是很重要的。例如，我们采访的一位财富管理者表示，有一位客户倾向于分析（喜欢理论和概念答案）。这个客户会喜欢有关股票的技术邮件，邮件会详细介绍市盈率和股票的势头，可以作为良好投资的潜在指标。然而，另一个客户可能更关注使用他们的钱的实际问题。例如，一个客户可能专注于照顾年迈的父母，或为孩子的大学学费提供资金。最后，另一个客户可能专注于自己的内部叙述，即他们的钱将如何为他人留下遗产。财富管理者可能会很好地联系到与关系型风格相关的故事和隐喻。我们在上一节中也讨论了答案风格。本节的重点是答案风格需要良好的协调，因为它与客户体验有关。在其他条件相同的情况下，一个特定的客户可能对特定的答案风格有偏好，而这种答案类型应该被财富管理者长期强调。

高答商实践 3 "补充答案"表明，相邻的答案在答商环形图上是最相关的。理解答案之间的关系对于深入了解任何重点答案非常重要。例如，信任（一个答商概念）对于财富管理师与客户建立信任是很重要的。鉴于金钱往往反映了一个人一生的追求或他们可以提供遗产的手段，它可能是相当个人化的。因此，信任一直是客户关心的问题。近年来，由于有了更全面的联系，这些问题更加突出，财富管理者将重点从交易关系转移到基于信任的关系，在这种关系中，公开的沟通是最重要的。

在答商环形图中，与信任（作为一个概念）相邻的是程序，其次是行动。因此，实施实际的答案（过程和行动）是为了实现信任。财富管理人往往会忽略他们实施过程和行动的原因。在一个财富管理办公室往往很奢华的时代，人们可能会问"为什么"。一位财富管理人表示，办公室奢华的原因有很多，包括希望向客户传达信任。换句话说，"看看这个办公室，我们是成功的，你可以信任我们这家公司"，这是一个不言而喻的信息。这种想法可能是危险的，因为建立一个更好的大厅，或在办公室里注入香水，或提供花哨的饮料成为焦点，而根本原因（信任）则退居次要地位。随之而来的是一场军备竞赛，富丽堂皇的办公室并不能增加客户的信任。

我们采访的一位财富管理人评论说，在公司和个人层面上，对富足的关注是错误的：

在个人层面上，你可能买不起最豪华的西装、领带或袖扣。确保你的鞋子是光亮的。这是很便宜的东西，而你可以控制它，使之产生很大的不同。我曾在客户体验上使用过这个方法。在公司层面上，我们通过流程和定价建立信任，而不是花言巧语。后者可能会在前期吸引人们，但没有深度。

——大卫·福托西斯

前面的两个例子：①擦亮你的鞋子；②定价——代表了有目的地提供信任的方式。这与盲目的模仿行为（如豪华的办公室或高级的西装）不同，后者可能不会真正提供信任或其他预期的好处。在这种情况下，把信任作为一个相邻的答案和目标，可以带来更有目的的过程和行动。

对过程和行动的理解可以随着对信任概念（相邻的答案）的理解的加深而加深。例如，信任与承诺有关。关于承诺的研究表明，有三种类型的承诺：计算型、情感型和规范型。计算型承诺是成本效益分析，或者说是出于良好理由的信任。计算性承诺与把你的定价放在网站上是一致的。这种透明度允许个人自行选择是否要与财富管理者合作，并在初次见面之前计算这种关系的价值。情感承诺是基于对一个人可以被信任的直觉的情感信任。例如，之前财富管理者对仆人式领导的讨论，以及相关的故事可能会增加情感上的信任。最后，规范性信任是基于个人对对方义务的信念而产生的信任。因此，许多财富管理者都有满足客户需求的信托责任；分享这种信托信息可以增加规范性承诺。通过了解承诺的这三个方面，财富管理人可以有更细化的目标，以增加对客户的承诺和强化信任。

为了进一步扩大相邻答案的影响，我们不仅要了解不同类型的承诺（概念答案），而且要确定承诺的哪些方面与期望的结果关系最密切（作为理论答案）。理论是行动的三级相邻答案（与行动相隔三个答案类型），是过程的二级相邻答案（与过程相隔两个答案类型）。理论作为二级和三级相邻答案，有助于提高对过程和行动答案的理解。

例如，一项研究发现，与计算型承诺为基础的关系相比，情感型承诺的客户与服务提供商保持关系的意愿明显更强。如果这项研究能推广到财富管理领域（如其他学术研究或公司内部的商业分析所支持的，两者都是理论答案），那么对概念的影响是，情感承诺比计算型承诺更重要（当客户忠诚度是所期望的结果时）。反过来，财富管理者应该关注增加情感承诺的过程和行动答案。

第十五章

医疗答商

布莱恩·格利布科夫斯基博士

医疗保健创新中心（CHI）首席执行官约瑟夫·加斯佩罗

约瑟夫·加斯佩罗是 CHI 的首席执行官和联合创始人。他是一位医疗主管、战略家和研究员。他在 2009 年共同创立了 CHI，一个独立、客观、跨学科的医疗研究和教育机构。约瑟夫领导 CHI 的研究和教育活动，重点包括患者驱动的医疗、患者参与、临床试验、药物定价和其他紧迫的医疗问题。他制定和执行 CHI 的战略，设计营销策略，领导筹款工作，并管理 CHI 的管理团队。

章节贡献者

感谢同意接受本章采访的四位医生。

尼鲁姆·阿加瓦尔：医学博士、拉什大学医学中心神经科学系副教授、美国女医师协会首席多元化官员

萨米尔·阿瑟：医学博士、伯明翰退伍军人医疗中心专职医师

拉马尔·哈斯布鲁克：医学博士、公共卫生硕士、工商管理硕士；在商业战略、运营和组织健康方面经验丰富的高管

玛拉·门德尔森：医学博士、妇女健康研究所联席主任，医学（心脏病学）和儿科副教授

章节小结：本章研究了医患对话与戏剧世界的交集。医生和患者的对话具有高度的戏剧性（经常涉及生命或死亡），他们在高度仪式化的会议中扮演典型的角色（例如，无所不知的医生，护士和患者之间有顺序的互

动，然后是医生和患者，所有这些都发生在平均 17 分钟的时间跨度中）。有一个前台（检查室或手术室），一个后台（医疗团队的员工会议室或患者候诊的大厅），还有一个台下（日常生活）。为了提供一个内部视角，我们在本章中采访了四位医生。对话的戏剧视角很重要，因为戏剧不是日常生活，它更具有戏剧性和意义。

目标读者：除了对医生的影响外，本章对任何对话都有影响，人们还可以用更戏剧性的语言重新表述，以产生更大的影响（图 15.1）。

为什么　是什么　怎么做

理论　故事

概念　医疗答商　隐喻

过程　行动

何时
何地

图 15.1　医疗答商——在医患对话中提供答案的能力

全世界是个舞台，所有的男男女女不过是一些演员：他们都有下场的时候，也都有上场的时候；一个人的一生中扮演着好几个角色。

——莎士比亚

1959 年，社会学家欧文·戈夫曼（Erving Goffman）将社会中的个人互动与戏剧进行了比较。作为戏剧的社会互动可以追溯到莎士比亚，以及更早的古希腊。日常生活中的戏剧无处不在，而且被认为是理所当然的。你可能会考虑到生活领域的许多重要的关系，比如商业（例如销售代表和潜在客户）、家庭（例如父亲和儿子），或健康（例如医生和患者），莎士比亚的名言会引起共鸣。假设医生和患者在医院的互动。每个人都在扮演自己的角色。传统上，医生的角色是无所不知，而患者则是治愈智慧的受益者。就像戏剧一样，医院有前台、检查室或手术室、后台、医疗队的工作人员会议室或患者候诊的大厅，以及后台（日常生活）。戏剧是结构化的互动，带有仪式化的元素。例如，最常见的编排一出戏的方式是分成三幕。在检查室里，医生和患者的互动被安排成一场简短的、仪式化的会议，平均只有 17 分钟。戏剧的核心是交替的诗句、对话。所有的对话，尤其是日常生活中的戏剧，都包含了问答对话。医生通常以宽泛的问题开始他们的客户咨询："今天什么风把你吹来了？"

　　就权力和知识而言，医患关系传统上是不对称的，我们可能很容易推断出他们的互动是由医生为患者提供的独白所主导的。相反，据我们采访的一位医生说，医患价值的 80% 来自问答交流，20% 来自诊断。从患者的角度来看，对话如何进行是很重要的。看起来，许多对话在增进理解方面做得很差。一项研究发现，在就诊后，患者只能回忆起提供给他们的 50% 的重要信息。我们采访的一位医生表示，患者可能只有在与医疗团队的不同成员进行多次对话后才能完全了解情况。随着时间的推移，在不同个体之间展开对话有助于患者看到他们思维的盲点。在复杂的医疗案例中，患者受益于倾听每个医疗团队成员（例如心理学家、护士、神经科医生）的对话，这样患者就可以得出与医疗团队相同的知情结论。如果没有对话的过程，个体可能会错过一些细微的差别、争论和选择，这些都是随着时间的推移在对话中展现出来的。

　　在这一章中，我们从戏剧的角度来研究医生与患者的仪式化对话中的答商。除了医生，本章还旨在使任何沟通者在考虑商业、家庭或任何生活领域中的重要仪式化对话时受益。我们通过研究医生和患者之间的对话表现，以戏剧性的术语构建本章。首先，我们研究了戏剧性的对话以及戏剧与现实生活的不同之处。其次，我们在题为"帷幕升起"的小节中，把聚光灯对准了对话的开始阶段。再次，有戏剧体裁，我们研究对话体裁的潜在影响。最后，对话表演的核心是演员扮演的角色。我们探讨了对话中的角色。

戏剧对话

戏剧不是日常生活，它是戏剧。戏剧被定义为"令人兴奋的、情绪化的或意想不到的一系列事件或环境"。考虑到高风险、情绪和不确定事件的发展，医生和患者的互动是戏剧性的。戏剧中有"英雄的旅程"一说，即角色在最初开启一段旅程，最后发生改变或转变。我们将英雄的对话旅程定义为：①一场重要的对话，②从最初的问题到回答。为了说明英雄的对话之旅，我们将重点放在医生和患者（英雄）的三次对话上（图 15.2）。

图 15.2　英雄的对话之旅

在医学行话中，医生将与主要问题相关的"主诉"确定下来。有趣的是，人体和健康是一个相互关联的系统，但医生仍然强调主诉（一个比其他更重要的单一问题）。这种对单一问题的关注增加了戏剧性，因为无关的问题被弱化了。

心脏骤停是一场戏剧性的对话。想象一个男人和他妻子出去吃饭，他突发心脏骤停，醒来时发现自己躺在病床上，身上插着管子。接下来，他和心脏病医生开始了许多戏剧性的对话。起初，患者的问题比答案多。在接下来的几周、几个月、几年里，持续进行的对话有望得到答案（防止再次心脏骤停的持续治疗）。我们将其称为典型对话1，即在生活领域和话题中从戏剧性的问题到戏剧性的答案的旅程。例如，当一个潜在的销售对象带着必须解决的需求来到卖方面前时，这就是典型对话1的一个例子——从买方提问到回答的旅程。

典型对话2是一个从戏剧性的错误答案到戏剧性答案的旅程。一个例子是关于儿童疫苗的对话。美国儿科学会对疫苗的看法是明确的："疫苗是安全的。疫苗是有效的。疫苗拯救生命。"尽管如此，许多被称为"反疫苗者"的患者拒绝为自己的孩子接种疫苗。在这个对话中，医生必须排除错误的答案，用问题代替它，随着时间的推移，对话的旅程以患者同意给他们的孩子接种疫苗而结束。这样一来，错误的答案（反疫苗）就会被正确的答案（亲疫苗）所取代。在销售领域，一个典型的对话2是当客户对他们需要购买的服务类型有一个错误的但根深蒂固的信念。例如，一个提供全方位服务的人力资源咨询公司可能会与一个客户谈话，认为他们需要一个更好的培训方案来提高员工的表现。但是人力资源咨询公司可能会觉得真正的问题是他们雇用了错误的员工，他们需要选择不同的员工。作为第二类典型对话，咨询公司（卖方）必须消除客户的错误答案（培训），并在问答对话中让他们转向招聘解决方案（正确答案）。

典型对话3包括由普通对话转变为戏剧性对话，最终以戏剧性的回答告终。日常生活对话和戏剧对话的一个主要区别是，戏剧对话更重要。并不是所有的医患对话都同等重要。可以说，医生和健康的孩子之间的儿童健康访谈是一种普通的对话，或者至少接近于医生和患者之间的低级戏剧对话。然而，在医生的办公室里，就像在其他地方一样，一段普通的对话可能会变成一段戏剧性的对话。想象一下，如果一位医生告诉一位母亲："我不喜欢你孩子身上那颗痣的样子。我想做个检查。"一段不太重要的对话马上就会变成一段戏剧性的对话。和其他对话一样，一开始会有问题，之后会有答案（比如不用担心，或者需要治疗）。在销售领域中，典型对话 3 的一个示例将与供应商的教育网络研讨会相关联。在网络研讨会期间，与会者可能会意识到他们有一个之前没有意识到的需求。凑巧的是，这种需求是由供应商提供的服务解决的。

　　跨生活领域的戏剧性对话包括了几个含义。戏剧性的对话是重要的，它集中在一个主要的问题上，并以一个答案达到高潮。一方面，这是显而易见的，因为大多数人都会预料到答案在问题之后出现。然而，我们推测，大多数对话并没有提炼出一个单一的问题（需要增加戏剧性的质量）。此外，在许多对话的流程中，每一方的利益都被提及。这种平等可能符合互惠的规范（例如谈话应该交替关注对方的利益），但这样做会降低谈话的戏剧性质量。在戏剧中，我们谈论的是英雄的旅程（强调一个英雄），其中一方的利益高于另一方（非英雄）。在这方面，医生和患者的对话是戏剧性地集中在帮助患者（英雄）的问题到答案的旅程上。另外，普通对话的起伏并不总是遵循从问题到答案的戏剧性弧线，相反，有目的的对话可能让位于没有重点的闲聊，问题和答案以非目的的方式交织在一起。最后，就像戏剧性的对话从问题开始一样，戏剧性的对话在提供了答案后就结束了。例如，当有效的治疗过程结束后，医生就会停止为患者看病。类似地，商业中的戏剧性对话也会在提供答案后结束。然而，许多商业对话的结束缺乏戏剧性。积极的结果的影响在随后的对话中被淡化了，因为这些对话没有增加任何价值。

帷幕升起

布莱恩曾经采访过戏剧导演，问他们："戏剧中最困难的部分是什么？是开头、中间还是结尾？"作为一个团体，他们的看法很清楚，戏剧的开头是最困难的，帷幕升起的那一刻是一种形而上的体验。

在这一节中，我们将研究当喜剧第一幕开始时帷幕升起，或中场休息后帷幕升起时开始的对话。在医患关系中，关系的对话发生在新医生和患者的第一次咨询中。随后则发生在每次预约的开始阶段。在本节中，我们从微观角度出发，关注问题和答案的交替。与此相反，我们之前对戏剧性对话的讨论采取了一个宏观的视角，将整个戏剧的对话弧线确定为在开始时对戏剧的基本问题进行研究，在戏剧结束时以基本答案作为结论。

我们问了我们的医生小组，在咨询期间如何开始对话，是以提问还是回答？他们的意见不一。他们描述说，许多医生以回答开始。具体来说，他们通常会叙述患者的病史（全部或部分），然后是一个问题。

心脏科医生（强调过程和行动的答案）："我知道你是因为身体虚弱才来的。我们修复了右边的心脏，但我们仍然需要修复左侧的心脏，而且你的心脏跳动不正常。"

心脏科医生（提问）："你明白我说的话吗？"

第二种开始对话的方式是直接问问题。

儿科医生（提问）："今天什么风把你吹来了？"

医生接受过与患者面谈的培训。在这种知情的背景下，尽管如此，医生们似乎对如何开始谈话有不同的偏好，包括是用提问还是回答开始。我们不会偏向其中的一方，相反，我们会倾向于第三种观点，即开始医生谈话的顺序（提问 – 回答，或回答 – 提问）并不重要。这是一个类似于谚语的问题："先有鸡还是先有蛋？"当然，鸡和蛋是联系在一起的，我们排除了对顺序的判断。问题和答案也有类似的联系。

那么，我们的观点是什么呢？我们的观点很微妙，但我们认为它很重要。传统上，在医学培训，以及销售和其他类型的培训中，问题比答案更重要（因为课程的重点是问题）。例如，医学生会学习问题的分支，但对答案却没有类似的要求。人们也可能会误读这本书，并认为答案比问题更重要。相反，这本书的重点是对话，因为关于问题和答案的交流都很重要，而答案在这本书中被放在首位，因为它们一直没有得到重视。

对话类型

戏剧有许多种类（如喜剧、悲剧、悬疑剧），同样地，在回答风格方面也许存在不同的类型。我们采访的医生的看法是，医生和患者的对话强调与回答"怎么做"问题有关的实用型风格（过程和行动）。例如，外科医生和心脏科医生的工作围绕着修复人体。我们采访的一位医生指出，医生"必须谈论他们要做的事情，以及术前术后会发生什么"。实用型对话是重要的双向对话，患者和医生都可以从中学习。我们采访的另一位医生评论说，患者是体验自己病情、症状和疼痛的专家。同样地，在布莱恩最初对世界顶级高尔夫教练的研究中，这些教练被问到了"谁会是泰格·伍兹的下一任教练"。当时他还没有教练。在没有提示的情况下，许多高尔夫教练回答说，泰格·伍兹不需要教练，因为只有他能体会到球杆的感觉。教练不可能对他的手感作出第二手评论。❶

---

❶ 顶级高尔夫教练还补充道，泰格·伍兹在其他答案类型方面也是专家，比如高尔夫物理学（理论答案），他不需要教练。这一点非常耐人寻味。在答商术语中，他们是在暗示他不需要与他人进行对话。

虽然医生对有关医疗的分析概念和理论有很深的了解，但这种讨论在医生和患者的对话中并没有被放在前面。医患双方在知识上往往存在很大的不对称性，医生有医学的高级学位，患者通常没有。我们采访的一位医生评论说："患者想知道如何才能感觉更好，他们想摆脱理论。"

最后，关系型风格（故事和隐喻）在很大程度上是医学实践中的一个外来附属品，因为大多数人，特别是年长的医生，都是经过培训的。我们采访的一位医生评论说，隐喻和故事并不是他们训练的一部分。这位医生补充道："在医学上，我们更多的是处理事实性的东西。"这显然是对实用型风格的重新定位。此外，隐喻被认为是困难的，我们采访的医生经常不使用。另一位医生评论说："故事受到健康保险携带和责任法案（HIPPA）的限制，你不能和患者谈论其他患者的故事。"然而，另一位医生确实使用了讲故事的方法，但他认为这是一种额外的做法。"你只有在感觉舒服且时间充裕时才会这样做，这是一种个人偏好。"这一点进一步强调，如果使用故事，医生应该熟练地在有限的时间内简洁地讲故事。

人们很容易认为像医学这样的领域狭隘地注重实用型风格。这可能在某种程度上是正确的，但分析型和关系型的答案风格仍然很重要，对答案风格偏好进行过度概括是真正的风险。布莱恩曾经进行过一项未发表的元分析，这是一项统计研究的组合，研究了以下问题：组织文化是因行业而异，还是因公司而异？换句话说，人们可以认为文化更受行业的影响，人们可能会认为所有的华尔街公司都有一种残酷的文化，而所有的非营利组织都是使命驱动的。结果表明，不同公司的文化差异大于不同行业的文化差异。因此，塑造企业文化有很大的自由度，我们猜想，在组合使用回答风格来塑造对话时也有很大的自由度。事实上，我们在这一章中采访的医生探讨了分析型和关系型回答风格在与患者交谈中的诸多有益方面。

患者越来越多地在谷歌上搜索医疗症状（与实用型风格有关），但他们甚至在研究和查阅医学杂志，试图解读他们的疾病和由临床试验判断的疗效（与分析型风格有关）。一位医生指出："人们喜欢了解研究，以及研究显示的内容，所以这就是我们讨论的内容。"另一位医生使用了匿名的故事，以避免法律方面的问题。例如："让我告诉你一个关于一个没有做手术的患者的故事，以及他的遭遇……"另一位医生补充道，许多患者"喜欢听故事和比喻，他们试图把它与他们知道的东西联系起来，以做出决定"。然而，其他患者"不想要感情用事，他们想要数据驱动的对话，这就是我将给他们的"。过度概括也受到患者的个体差异和偏好的制约。

角色

布莱恩·格利布科夫斯基曾问戏剧导演："演员如何能够有效地扮演他们的角色？"他预期的回答与技术（过程和行动）有关，但情况并非如此。相反，戏剧导演强调，演员需要了解他们扮演的角色的动机。一个与概念（动机）无关的行动或程序将导致糟糕的表演。来看看我们访谈的一位医生提到的医生与员工对话的例子。

患者被要求服药，但他们不知道自己为什么要服药……他们会说："我不知道。医生让我服用的。"原因是这是一种利尿剂，会降低血压，因为它会让你多上厕所。

在这种情况下，概念（如降低血压）和行动（吃药）之间缺乏明确的映射，患者有可能因为不定期吃药或不继续按处方配药而偏离其"患者角色"。

戏剧角色即典型角色，比如英雄、恶棍或命运多舛的情人。戏剧角色和日常生活中的人物之间的一个主要区别是，前者是集中的——多余的过程和行动，那些与角色不一致的，会被排除。因此，为了实现医生和患者的原型角色，他们需要理解他们的角色，在戏剧术语中，即需要理解他们自己和其他演员的动机。例如，我们采访的一位医生指出，许多患者不明白他们应该扮演"提问者"的角色，很多患者并没有意识到他们应该问问题。我们采访的医生提出了几种方法，医生可以鼓励患者提问（角色一致行为），表明"没有愚蠢的问题"，并在每次咨询结束时提供时间来提问，直到患者提出至少一个问题，并鼓励患者在咨询前列出一份书面问题清单。医生也必须意识到患者扮演的错误角色。我们将虚假角色定义为对参与者的利益有决定性影响的角色，例如对患者的护理质量。作为一种平衡措施，医生将调整自己的表现以适应。例如，一位医生指出：

不要问：你喝了酒吗？而该问：你喝了多少？如果他们告诉你喝了多少酒，你就把这个数字乘以 X。

了解自己的角色对医生来说也很重要。例如，传统上医生被认为是无所不知的，基于互联网的医疗网站和搜索引擎的兴起使医疗信息的获取变得民主化，一些医生认为这是对他们传统角色的冒犯。然而，其他医生已经接受了技术和它所提供的信息的普遍性。我们采访的一位医生指导患者应该访问哪些网站以获得有信誉的医疗保健信息。类似地，在复杂的 B2B 销售中，买方越来越多地在销售漏斗的早期阶段通过互联网获取自己的信息。销售代表有机会转变他们的角色，比如作为信息的管理者和向导，或者他们可以选择继续扮演传统的、过时的信息守门人的角色。

我们之前关于对话类型的讨论与角色有着点线面的关系。对话类型是演员决定表演的角色（或动机）的产物。答商答案风格可以被看作角色。我们之前已经指出，医生们更喜欢实用型风格（过程和行动）。然而，有一种观点认为，关系型风格（故事和隐喻）对患者来说很重要，医生应该接受这种角色。例如，约瑟夫·加斯佩罗听到一个关于加利福尼亚州一所学校的故事，许多科技巨头把他们的孩子送到那里。他们不使用任何技术。这个故事继续指出，史蒂夫·乔布斯并没有给他的女儿一台平板电脑。故事以一个尖锐而戏剧性的比喻结束：毒贩不会吸食自己的毒品。在听到这个故事之前，约瑟夫已经有了充分的了解，但听到这个故事后，他决心尽量减少孩子面对电子产品的时间。他的儿科医生没有讲这个故事，但也许应该讲。如果不讲这个故事，也可以用其他的故事和比喻来教育和说服患者。

理解角色不仅对参与者很重要，对参与者之间的对话交流也很重要。对话就像一支乐队。谁来写歌？谁是这首歌的主唱？谁在演奏哪种乐器？当期望不明确时，乐队就会解散。戏剧性的角色有助于所有参与者明确角色期望。我们从戏剧中可以学到的经验是，承认角色并自由地讨论，从而融入角色。在戏剧中，演员们互相探讨角色动机是很常见的，所以他们的互动最终更真实可信。角色透明度对医生和患者的对话也很重要。例如，我们采访的一位医生鼓励她的患者接受信息民主化和自我教育，她明确地与患者讨论了学习的作用。医生会鼓励她的患者在咨询期间拿出他们的智能手机，搜索信息。在销售中，买方角色被认为是卖方与买方互动的重要因素。以影院为例，买方角色应该公开与客户沟通。例如，销售代表可以将买方标记为"创新者"（由销售组织确定的买方角色），并与买方共享这种分类。买受人可以同意也可以不同意；无论哪种方式，卖方都更了解买方的角色，以及提出的问题和提供的答案的类型。

第十六章

学习答商

布莱恩·格利布科夫斯基博士

美国中北大学教学与学习助理教务长、卓越教师促进中心主任、社会学教授詹妮弗·基斯博士

詹妮弗·基斯博士以社会学学科为基础，渴望以真正具有变革意义的方式进行教学，她热切地相信学习从根本上讲就是关于改变的。作为一名教师开发人员，她策划了循证最佳实践，并为教学与学习奖学金做出了贡献。

章节贡献者

感谢美国人力资源管理协会认证专家、人才管理专家、ALE Solutions 公司人力资源专家安东尼·舒洛的贡献。他同意接受采访。安东尼是一位学习和发展专家，在员工培训、学院和大学项目、员工关系、绩效管理和劳动力规划方面有丰富的经验。

章节小结：你差不多已经看完了这本书，（希望）你确信答商很重要。你已经确定了你、你的团队或组织需要改进的重要对话。也许是销售答商、辅导答商、品牌答商，或者_____答商（填写任何重要话题）。下一步该做什么？下一步该学习如何提高你的学习答商。

在基础上，本书第二部分研究了学习和使用答商所必需的五种高答商实践。本章研究了学习的科学，以确定学习答商的其他方法。首先，讨论了七个关键的学习概念，你可以应用这些概念来学习、练习和提高你的学习答商。其次，作为一种学习工具，答商被概念化为六种答案的循环排序，代表了学习的多个切入点。尽管多个切入点很重要，但也许更重要的

是，真正的学习就像一个旋转的轮子——需要强调所有的答案，才能推动学生前进（图 16.1）。最后，我们采访了学习与发展专家安东尼，了解他对组织如何学习答商的看法。

图 16.1　学习答商指的是其他在更广泛的学习科学中学习答商的方法

首要读者：本章的主要读者是学生（经理、雇员或任何对学习答商感兴趣的人）和有兴趣教别人学习答商的教师。

次要读者：鼓励学习和发展管理人员和负责投资和发展学习文化的执行决策者。

学习的概念

看看莫奈的《撑阳伞的女人》的素描图（图 16.2）。这个女人很幸福吗？如果这幅画清楚地表明是个晴天，你会更倾向于说是。如果图画清楚地表明是一个雨天，你会更倾向于说不。在图画和答商中，背景都很重要。我们在前景（理解的对象）和背景（影响对前景理解的背景）之间可以做出区分。在答商术语中，前景是六种答案（隐喻、故事、概念、理论、过程、行动），结合问题和感兴趣的对话（面试答商、销售答商、辅导答商、品牌答商或其他答商）。背景是五个高答商实践（见本书第二部分），它们帮助我们在任何对话中学习并有效使用问题和答案。

图 16.2　莫奈的《撑阳伞的女人》

在这一节中，我们探讨了学习科学的影响以及影响你学习答商能力的因素。具体来说，我们借鉴了《坚持：成功学习的科学》一书，作者布朗、罗迪格和麦克丹尼尔回顾了 125 年的学习科学研究，揭示了最有效的学习策略。我们从他们的书中总结了七种基于证据的学习策略。在答商术语中，每个学习策略都代表一个概念，你可以利用它更有效地学习、实践和提高你的答商。

刻意练习

简单的学习就像在沙子上写字，今天写在这里，明天就会消失。

——布朗、罗迪格和麦克丹尼尔

刻意练习需要两个相关的要素。首先，学习必须由一个目的驱动。这一学习原则在答商中得到了明确的体现；五项高答商实践中的每一项都有不同的学习目标。高答商实践 1 的目标是提供六种答案，强调将具体问题（为什么、是什么、怎么做）映射到具体的答案类型。例如，通过故事和理论来回答"为什么"型的问题。其次，有效的练习是以强度为特征的，这导致了有意义的改进。在体育运动中，有一句格言是："练习应该比比赛更难。"高强度的练习与认为学习应该很容易的错误观念背道而驰。例如，使用角色扮演软件，布莱恩与数百名学生一起练习面试答商。学生们被问到一些问题（例如我为什么要雇用你？），并被提示录制视频答案（例如理论和故事）。这让学生感到不舒服，但这种压力反映了实际求职面试的情况。❶

交叉练习

一个常见的误解是重复练习最有效。例如，去当地的小型棒球联盟练习，你可能会发现在击球练习中，人们投球的轨迹、速度和位置都是相同的，人们投了又投。这种练习之所以流行，是因为对熟练度的幻想。这有助于短时间内改善。与此相反，交叉练习是指快速球、曲线球、螺旋球、变速球等在击球位置（好球带的所有区域）变化的情况下随机击球。交叉练习与持久的习惯有关。交叉练习创造了更广泛的模式，以及评估和回应各种现实问题和条件的能力。例如，布莱恩和他的同事采访的世界上大多数顶级高尔夫教练都不提倡使用高尔夫训练助手（那些修改球杆或提供挥杆指导的人），因为他们不让学生为真正的高尔夫比赛做准备，而是"只是让他们在高尔夫

---

❶ 事实上，高盛在第一轮求职面试中使用了异步视频面试，其他许多机构也在做同样的事情，或者很快就会这样做。

训练上做得更好"。相反，大多数顶级高尔夫教练都是在真实的高尔夫练习赛中练习高尔夫球。每一杆和击球都是根据球场的条件而交替进行的。

关于答商，练习应该是交错进行的。不宜在一周内练习故事答案，下一周练习理论答案，然后如此练习其余的每种答案类型。相反，每次练习都应交错进行所有答案类型。为什么、是什么、怎么做、何时、何地等问题的顺序应随机变化。此外，每项高答商实践所规定的预期答案类型应有所不同，以促进对信息的长期保留。

分散练习

另一个误区是人们认为大规模的练习（一次性完成）是有效的。例如，许多学生会在考试的前一天晚上进行补习，或者一个组织每年提供一次培训，便认为这个主题员工已经学会了。恰恰相反，证据支持间隔学习是最有益的。间隔学习很重要，因为它强调了长期记忆。考虑到随着时间的推移出现的自然变化，对所学内容的应用应更加多样化。

基于这些研究结果，学习答商应该有一定的间隔。例如，如果一个销售组织想要提升销售答商，那么在最初的培训之后，应该定期进行强化培训。例如，培训可以在第 1 天进行，然后是第 5 天、第 10 天、第 20 天、第 60 天，之后每 60 天进行一次。当然，确切的间隔时间取决于内容的数量、难度和要学习的材料的重要性。

反思

反思包括创造心理空间，思考已经发生或应该发生的学习过程。学习答商应涉及反思。例如，设想一位经理正在努力提高他的演讲答商。

在他进行了一次项目推介会后，经理可能会问一些问题："听众不理解什么""有什么可以改进的""我怎么能改变幻灯片的顺序呢"恰好，在答商中也强调了对反思很重要的问题（是什么、为什么、怎么做、何时、何地、何人）。当问题与答案相结合时（隐喻、故事、概念、理论、过程、行动），反思过程会将对话在头脑中排练，从而改善学习。通过与先前的知识相联系，建立新的联系，并提供一个练习的机会，反思会产生更好的学习效果。

在训练和任何重要的谈话的前、中、后都要进行反思。例如，在演讲之前，销售代表应该预估在演讲过程中会被问到的问题以及将为客户提供的回答。在一个咨询项目开始之前，布莱恩·格利布科夫斯基通过想象项目将会失败来进行事前分析。在项目开始之前反思为什么会发生这种情况，有助于在问题发生之前识别和解决问题。学生经常毫无准备地来到教室学习。有效的教学应该让学生对之前的反思负责。例如，教师可以要求每个学生在上课前提出问题并分发给所有其他参与者。

反思也是练习的一个组成部分。学生不应处于被动学习状态；在练习过程中，他们应该倾听问题，进行反思，并以深思熟虑的答案来回应。教师需要在学习过程中鼓励反思。例如，在课堂环境中，当一个问题被提出时，要求在分享任何答案之前进行 1 分钟的思考。或者，在三个人举起手来之前，不允许有人立即回答问题（给予思考的空间），然后让所有三个人提供他们的答案（给予思考的声音）。另一个技巧是让学生自己思考（反思），然后两两配对，进一步反思，最后将最好的想法与集体分享。

在培训期间进行反思是应该的，但对一个重要的项目、演讲或其他实际工作的反思往往以时间紧迫为名，被搁置一边。然而，正是在充满挑战的日常工作中，才是最需要反思的。众所周知，在阿波罗 13 号执行任务期间，一个氧气罐破裂几乎意味着灾难，但宇航员和任务控制中心在危机期间进行了反思（根据他们的训练和经验），以确定过程和行动，以拯救所有涉及的宇航员的生命。在答商术语中，工作中的反思包括思考 5 项高答商实践，并有意地实时回答问题和答案。

最后，反思可以发生在关键事件之后。这是典型的事后分析。以答商为重点的事后分析可以关注五项高答商实践中的任何一个。例如，或是否讲了一个引人注目的故事？比喻是否失当？通过这种方式，我们可以对六种答案类型中的每一种进行检查。

阐述

阐述是指在当前理解之外找到新的意义。在答商术语中，这可能涉及将一个答案扩展到其他五种答案类型。例如，在一次执行委员会会议上，主要议程可能是处理公司的员工流失问题。会议以首席执行官的故事开始。然后，另一位高管可能会讨论员工流失是一个退出的过程（过程答案）以及提前干预的机会。另一位高管，可能会用一个恰当的比喻，将员工流失率比作磁铁和铁屑，来阐明他们对员工流失率的理解。磁铁是一种力量，可以吸引或推走铁屑。员工承诺也是如此，它是一种吸引或推走员工的力量。以此类推，这种阐述可以延伸到六种答案类型中的任何一种和全部。

当答案在不同的答案类型之间扩展时，这被称为补充答案（见第六章），它在同一层次或框架的答案类型之间扩展知识时进行横向阐述。与此相反，垂直阐述是对答案类型中的知识进行阐述。例如，公司的价值主张可以有一个被营销部门认可的比喻。纵向阐述可能涉及单个销售代表确定一种与他们个人产生共鸣的价值主张的新隐喻。通过将横向和纵向阐述结合起来，可以确定一个 2×2 回答空间，该空间可以包含相互关联的组合，以增强学习效果。详细阐述的好处包括提高理解和回忆能力。

生成

解决一个问题胜于记住一个解决方案。

——布朗、罗迪格和麦克丹尼尔

对于任何一个给定的话题，我们很容易提供六种答案，并且弱化或完全忽略相关的问题。以大学教科书为例。它提供答案来引导学生，但其重点不是提出与教科书答案相关的问题。公司网站以产品、推荐信等形式为销售前景提供答案。如果教科书或卖方的网站能提供答案，为什么学生或客户要为这些问题而纠结呢？从提出问题到找到答案的过程对学习很重要。在课堂上，当学生得到一个解决方案时，他们会倾向于认为"这很容易"。相比之下，如果一个学生被问到一个问题，并被指示独立地想出答案，答案往往不会到来。然后，当谜底揭晓时，谜底就亮了，答案的本质就更清楚了。任何一个销售代表都知道，如果买方没有提出任何问题，这很可能表明买方没有与产品建立任何有意义的联系，也不认为有必要解决这个问题。

就答商而言，重点是对从问题到答案的过程的关注。在这个过程中，主动学习对于弥合问题与答案之间的差距至关重要。首先，学习者必须受到启发，提出重要问题。其次，学习者必须专注于确定自己的答案。在这一点上，"正确"的答案往往被确定。正确的答案可以是主观的（如与个人经验产生共鸣的故事），也可以是客观的（如由元分析支持的理论、研究的统计组合）。再者，如果正确的答案是由另一个人（如老师、卖方）提供的，他们会更好地接受和理解，因为他们是在前面两个步骤的基础上进行的。

校准

校准涉及评估性能。这个比喻来自驾驶舱，在那里飞行员要了解空速、高度、航向和其他飞行指标。同样地，在学习过程中，必须通过测试来校准。测试往往是选择题。测试往往是高风险的，再加上对成绩的强调，而不是发展。相反，经过校准的测试是低风险的，更频繁的，并强调发展。这里还讨论了校准的另外三个方面，它们对答商有具体的影响：标准、评分者和评分。

标准。在任何特定的测试中，评价的标准都与目标和（或）属性有关。在答商术语中，问题的目标是找到一个答案。在这个意义上，每个问题（为什么、是什么、怎么做）都可以根据提供答案的满意（故事、隐喻、理论、概念、过程、行动）的程度来评估。此外，审查目标的另一种方式是考虑回答方式和它们的预期影响。关系型风格（隐喻、故事）的目标是情感上的联系。分析型风格（概念、理论）的目标是在一个复杂的世界中进行解释和预测。实用型风格（过程、行动）的目标是实现结果。与以结果为导向的目标相比，属性是以输入为导向的。正如高答商实践 1 中所列出的，六种答案类型中的每一种都有与低质量到高质量答案相关的关键属性。例如，高质量的概念答案有两个属性：它可以被定义，而整体概念可以被分解成更小的子维度。

评分者。校准的第二个方面是评分者。传统上，学习中的评分者是教师。现代学习强调除教师评分外，还有自我评分、同伴评分和团队评分，所有这些都应在答商校准中得到利用。此外，答商建议答案的评分者应该是提出问题的人，以判断问题是否得到了满意的回答。最后，传统的测试，作为一种反馈形式，可以由数字模拟、角色扮演和其他包含反馈的方法来补充，甚至取代。重点是反馈的质量，而不是反馈的方法。

　　评分。我们把评分定义为什么是正确的答案。正如第六章所讨论的，一个答案（如理论）与其他答案（如概念、隐喻、故事、过程、行动）相符合就是正确的。如果答案不符合，说明一个或多个答案不符合，需要重新审查。

　　每种答案风格都与不同的标准有关。分析型风格（理论、概念）与科学方法和可以客观研究的外化知识有关。根据这一传统，可以提出概念之间的理论关系，作为假设（关于世界的信念陈述），并用统计数据进行检验。例如，如果一个组织试图预测职业满意度，结果，组织可以在多元回归模型中比较不同的理论指导变量——如角色塑造、社会支持和职业支持——以确定指导的哪一方面最为重要。当指导、领导力、谈判或任何潜在的答商主题在学术期刊上被研究时，这些研究通常被称为学术研究。元分析（统计学上的研究组合）为学术研究工作（包括许多其他主题）提供了指导。当一个组织在他们自己的组织内研究这些现象时，通常被称为商业分析。

　　关系型风格（故事、隐喻）与经验和情感联系有关。如果一个故事或隐喻与经验一致，它就会引起共鸣。其标准是主观的，与情感的自我反馈有关。如果某个东西被感觉是正确的，它就是一个正确的答案。关系型风格与分析型风格形成对比，后者强调理性、逻辑和数据分析。

　　实用型风格（过程、行动）是通过可用性来判断的。在制造过程中，有效的过程和行动会导致更少的缺陷，更少的瓶颈，令每个工人生产更多的产品；所有这些都强调有形利益。在服务接触中，答商经常强调过程和行动也存在，它们是基于可用性进行判断的。例如，导师可能知道社会支持的概念是什么，但不知道具体（在行动或过程方面）如何实施社会支持。布莱恩研究过的一位导师说，当他在走廊上看到他的徒弟时，他会特意练习微笑和打招呼。反过来，这个简单的建议在反馈给其他导师时也被认为对其他人有帮助。分析答案和实际答案之间的差异是微妙的。分析答案不是直接观察到的。例如，"指导"是一个抽象的概念。但是，微笑、打招呼等实用型回答是可以直接观察到的。

旋转的车轮

答商环形图是一个有多个切入点的变量的循环排序图。一些学生可能对实用型答案（过程、行动）感兴趣，另一些学生可能对与个人经历相联系的关系型答案（故事、隐喻）感兴趣，最后，还有一些学生可能对分析型答案（理论、概念）感兴趣，以了解他们周围的世界。这些个人偏好可能表明了不同的学习风格。尽管如此，我们对学生的经验是，所有的答案都需要学习和复习。

学习答商就像自行车上的一个旋转轮，六种答案各组成轮胎的六个相等部分，进一步说，每种答案类型就像一个辐条，延伸回车轮的中心毂。你可以在辐条损坏的情况下骑自行车数天或数周，但是你在辐条损坏的情况下骑得越久，车轮旋转就越慢。如果轮胎上有一个小孔，车轮可能会立即停止转动。无论是辐条断了，还是车轮刺破了，如果任何一个给定的答案失效了，学习答商的能力就会面临减速或完全停止的风险。想象一个领导力培训，它有一个快速的开始，一个关于领导力的励志故事，它牵动着人心，并创造了情感认同。轮子开始旋转。然后，很明显，这个故事没有任何可信的理论或概念——没有研究，没有证据；这一切都是编造的。学习者碰到了一个分析上的坑，可能会导致轮胎立即爆胎，令整个车轮停转和令所有答案失效，包括停止对故事的情感认同，就像骑自行车的人撞上了一个实际的坑，而不是一个分析性的坑。也许培训没有提供关于领导程序或行动的具体建议，故事变成了一个空洞的承诺，一个被戳破的车轮，阻止了对故事的情感认同。相反，如果所有的答案都是可信的，它们就会相互强化，在最初的训练和随后的所有训练阶段，车轮就会获得动力来维持学习。

一位学习与发展专家的反思

最后，我们与学习与发展专家安东尼进行了对话，探讨在企业环境中如何进行学习答商。以下是布莱恩和珍妮弗提出的所有问题，答案来自安东尼。

问："作为学习与发展专业人士，答商对您的吸引力是什么？"

答："首先，答商很有意义。如果你向一位经理展示答商框架（环形图），他们很可能已经熟悉其中的概念了。它抓住了他们的经历。其次，每个人都可以通过答商来提高自己的能力。但要找到能够有效地运用所有六种答案的管理者将是一个挑战。再者，答商框架可以应用于客户服务、销售、领导力、演讲，或者管理者在培训中经历的任何重要话题。"

问："答商框架与您所看到的其他学习框架相比，有何不同？"

答："这不是非此即彼。你可以将答商与其他学习框架一起使用。例如，有很多销售方法论。任何销售方法论都可以与答商结合使用。当提供所有六种答案类型并使用五种高答商实践时，任何培训都会对受训者更有益。"

问："对于有兴趣在培训中利用答商的人，您会提供哪些简单的建议？"

答："我建议采取两个步骤。首先，在每次训练中都有一个答商概述，其中描述了六种答案类型。这可以是一个简短的演示，或者是讲义，在培训中使用。其次，我会让参与者进行分组游戏。因此，如果话题是冲突管理，我会让两人一组，在冲突管理的情况下进行六种答案的问答。"

问：“进行培训时，您提供答案的顺序是什么？”

答：“对我们公司来说，我会从故事和隐喻（关系型答案）开始，然后是理论和概念（分析型答案），最后是过程和行动（实用型答案）。"

问：“为什么要从故事开始？”

答：“我们公司有讲故事的文化。我们珍视我们的历史，并通过故事分享我们的历史。在其他组织中，顺序可能不同。也许对科技公司来说，理论和概念可能是第一位的，因为他们的员工往往更善于分析。"

问：“本章中，我们回顾了七个学习概念。除了我们所写的这些概念，你还有什么要补充的吗？"

答：“我认为在所有概念中，交叉练习可能对答商最重要。使用不同的答案类型练习答商是很重要的，这与高答商实践 1 一致。棒球的比较引起了我的共鸣。每种答案类型（理论、概念、故事、隐喻、过程、行动）就像不同的棒球投球（快球、曲球、指叉球等）。在棒球比赛中，如果你不在训练中交错投球，你是不会打出高水平或打出力量的。棒球手有必要学习如何在当下与这些投球进行接触。重要的对话也是如此，如果你不在练习中穿插不同的问题和答案，在利害关系真实存在时，你将无法说服人们、告知或建立关系。"

第四部分

我们需要答商吗？

需要

在本书中，答商主要被定义为一种沟通方式，其次是一种智能。本书这一部分的重点是将答商直接与沟通和智力理论进行比较。在评价一个新理论与其他理论的比较时，可以使用一个简单的标准；新理论是否增加了现有理论的价值？我们选择一种理论是因为它比竞争对手的理论更有价值。据统计，有213种沟通理论。从这一连串的理论中，我们可以直接将答商与沟通的发送－接收模型进行比较，以检验答商理论的贡献。沟通入门教科书将现有的理论提炼出来供初学者使用，并决定哪些是最重要的，哪些应该被包括在内，哪些应该被省略。在这些教科书中，发送－接收模型作为标准的沟通模型被提出。发送－接收模型是最简单的沟通理论之一，它支撑了大多数其他理论由学者发展，反映了日常在商业、家庭和社会其他任何地方使用的沟通过程的视角。答商是一个关于答案的理论，这个观点增加了我们对关注信息交换的发送－接收模型的理解。当你开始读这本书的时候，你就知道问题和答案是信息交换的核心。答商将这种直觉编入了理论。随着本书的发展，这一章将重点放在如何将答商作为一种答案（和问题）的理论，加入我们对问题的现有理解中，从而对对话产生新的理解。从最广泛的角度来看，答商的价值在于重塑我们对发送－接收模型的理解，强调沟通即信息交换，并将其重塑为对话型沟通模式，强调沟通即问题和答案的交换。

对智力的研究是从认知智力开始的，从那以后又提出了大量的多元智力（情感、实践等）。我相信答商符合现有的智力理论。为了产生影响，智商和情商需要转化为其他人可以从中受益的答案。

第十七章

沟通

据估计，管理者 50%～90% 的时间都花在沟通上。沟通一直与工作绩效挂钩。在工作场所发生的所有事故中，有 70%～80% 归因于沟通不周。因为沟通不畅，每周至少有 14% 的沟通被浪费了。在一项针对 85 所商学院招聘人员的研究中，沟通能力被列为招聘人员最看重的求职者技能。在公司层面，沟通的完整性与 7% 的市场价值增长相关。总之，沟通很重要。

标准的沟通模型

在超过 70 年的时间里，检验沟通成功与失败的默认方法是 1948 年由克劳德·埃尔伍德·香农和沃伦·韦弗为贝尔实验室开发的沟通过程模型（图 17.1）。基本模型包括发送者提供消息和响应者提供反馈。❶ 该模型随后从多个理论角度进行了扩展和检验。

图 17.1　标准的沟通模型

---

❶ 我把接受者（传统术语）称为响应者。在我看来，响应者这个词更能代表对等者之间的信息交换，而接受者则意味着发送者的信息是最重要的，而反馈仅限于澄清发送者的原始信息。

发送者（如管理者、员工或客户）是原始消息的来源。让我们以市场经理（发送者）与实习生（响应者）之间的沟通为例。在信息传达之前，经理的想法可能是："我不希望买方角色项目花费太长时间。"

这种想法被编码为语言或行动（非语言行为），形成一个信息。经理的信息可能是：

我们的买方角色项目进度落后了，请想办法完成初步研究。我想在这个月底做一个电子邮件活动，但我们的进度落后了。

信息是通过渠道来传达的，这个渠道将信息从发送者传递到响应者——包括但不限于口头和（或）书面交流、面对面或以技术为媒介的交流，以及一对一或一对多沟通等选择。

响应者是初始消息的接收者。通过给消息赋予意义来解码消息。例如，之前的信息可能会被理解为："我最好让另一个实习生蒂姆来帮助我。我需要更多的人手来完成这件事。"

响应者将意思编码为语言或行为（非语言行为）以形成反馈。反馈就像一条信息，响应者是反馈的发起者，而反馈的目标是原始的发送者。例如，反馈可能是："我去找蒂姆帮忙，我们明天再解决这个问题。"

发送者所赋予的含义可能与响应者所赋予的含义不同。在这种情况下，经理可能希望今天完成工作，而不是明天。

最后，干扰是指一切扰乱或扭曲信息或反馈的因素，使其无法被编码或解码。干扰可以来自发送者或响应者的内部或外部。例如，压力是内部干扰源之一。外部干扰源则包含了模棱两可的语言。

对话型沟通模式

《韦氏词典》将沟通定义为"信息交流的过程"。传统的沟通模式是一个过程模式，它没有解决具体沟通内容的问题。是的，有信息和反馈，但除此之外，没有提供关于沟通内容的指导。例如，是否有不同类型的信息？是否有不同类型的反馈？

在答商的启发下，对话型沟通模式通过将问题和答案分别作为信息和反馈被发送者和响应者传递，来弥补这一差距（图 17.2）。

信息
（问题 + 答案）

发送者　　　　响应者

反馈
（问题 + 答案）

图 17.2　对话型沟通模式

我将沟通定义为发送者和响应者之间交换问题和答案的对话。换句话说，每一次对话都可以简化为问题和答案的交换。就是这样，对话可以只发生一次（从发送者开始到结束），也可以在一个正在进行的对话中重复多次。继续前面的例子，经理和实习生可以作为发送者或回应者，他们可以问三种问题（是什么、为什么、怎么做）或提供六种答案（隐喻、故事、概念、理论、过程、行动），共九种沟通信息。例如，实习生（作为发送者）可以问："为什么买方角色很重要？"经理（作为响应者）可以回答："创建买方角色让我们能够满足每个客户的独特需求。"这是一个理论答案。

在这一点上，你可能会问："那又怎样？""为什么我必须了解这九个沟通信息？"比较传统的沟通模式和对话型沟通模式（强调问题和答案）就像比较跳棋和国际象棋。跳棋涉及一种棋子（跳棋），而国际象棋涉及六类棋子（国王、皇后、主教、骑士、战车、兵卒）。国际象棋比跳棋需要更多的策略。在你的重要谈话中使用六种答案（故事、比喻、概念、理论、过程、行动）也是如此。此外，通过突出六种答案，它也使三个问题类型（是什么，为什么，怎么做）成为焦点，代表每个参与者可以玩的九种棋子。有理由相信，在对话中提问和回答问题的能力需要更高的策略。事实上，高答商需要理解五项高答商实践。这是本书的核心观点。

要开始理解有效对话的策略，可以研究 2×2 矩阵，其中 9 个沟通信息（3 种问题 +6 种答案）可以分解为发送者和响应者（例如经理或实习生）的问题和答案选项，形成 4 个基本的对话构建模块（图 17.3）。

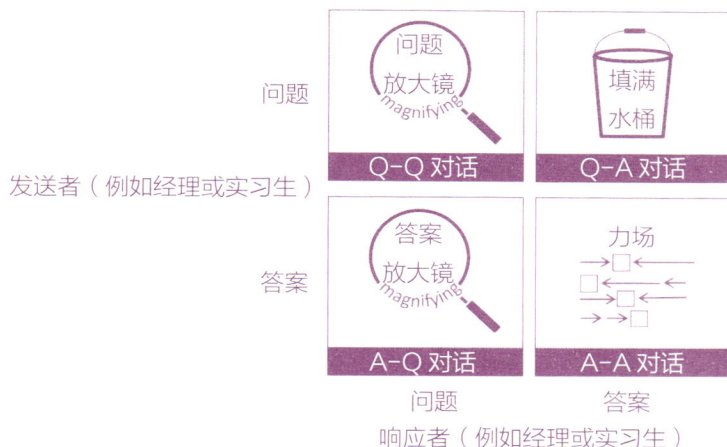

图 17.3　四个对话构建模块

Q-A 对话

填满水桶

先提问后回答（Q-A 对话）是"填满水桶"式对话，发送者提出问题（水桶），由响应者回答（把桶装满水）。例如，假设实习生作为发送者提出一个问题。提出问题是为了填补知识的空白（结构性、陈述性或程序性）。然后，作为响应者的经理提供一个答案（理论、故事、概念、隐喻、过程、行动），以实现知识转移。如表 17.1 所示。

表 17.1　Q-A 对话

市场实习生的知识空白	市场实习生的问题（发送者）	市场经理的答案（响应者）
结构性知识	为什么买方角色很重要？	理论、故事
陈述性知识	什么是买方角色？	概念、隐喻
程序性知识	怎样创建买方角色？	过程、行动

Q-A（填满水桶）对话的目的是运用问题（由发送者）使知识（结构性、陈述性、程序性）以答案（理论、故事、概念、隐喻、过程、行动）的形式从响应者转移到发送者。

A-Q 对话

答案放大镜

先回答后提问（A-Q 对话），响应者把问题集中在更好地理解发送者的答案上，这是"答案放大镜"式问题。答案可以是陈述句，那些用句号表达的语句。市场经理可以做一个理论上的陈述："买方角色允许我们满足每个客户的独特需求。"此外，市场经理（发送者）可以将买方角色定义为"基于研究，定义每个目标客户的画像"。答案还可以是命令式语句——以句号结尾的命令或请求。例如，市场经理（发送者）可能会说："在周一之前完成角色陈述。"祈使句可以改成感叹句——强烈的感觉，以感叹词结尾。第一个例子是一个理论回答，其中因果关系被定义（买方角色→客户需求满意度）。第二个例子是一个概念回答，其中定义了买方角色。第三个例子是行动回答，要求实习生写角色陈述。

在答案放大镜式对话中，响应者会为了发送者或应答者的利益而提出一个问题来澄清答案。让我们从对响应者有利的问题开始。

对响应者有利的答案放大镜式对话。市场经理（发送者）提供的答案可以刺激市场实习生（响应者）提出问题。如果发送者和响应者的知识是同一类型的（例如都专注于结构性知识），这表示发送者澄清了一个问题。例如，市场经理可能会说，"买方角色允许我们满足每个客户的独特需求"（理论答案；结构性知识）。市场实习生可能会问："为什么买方角色很重要？"（"为什么"型问题；结构性知识）这可能代表一个提示，需要用故事来说明这一理论。

答案可以引发探索性问题——一个不同知识类型的问题。例如，听到理论（买方角色→客户需求满意度），市场实习生可能会说："这是有意义的。我们如何实现买方角色？"这是一个探索性的问题，从结构性知识（答案）到程序性知识（问题）。或者，在听到理论（买方角色→客户需求满足）后，市场实习生可能会转向另一个相关的探索性问题，说："我很困惑。什么是买方角色？"也许理论上的关系没有意义，这引发了市场营销实习生质疑她对买方角色的基本理解。这是一个从结构性知识（答案）到陈述性知识（问题）的探索性问题。

对发送者有利的答案放大镜式对话。发送者提供一个初步答案，响应者提出一个问题，指出发送者知识的差距。这与苏格拉底教学法是一致的。苏格拉底教学法来自苏格拉底（约前469—前399），他认为人类问题的所有答案都有待发现。其基本方法是，由第一个人提出论点，第二个人通过提问揭示假设来回应论点，并修改论点，提出进一步的问题，如此反复，直到提出一个令人满意和完善的论点。苏格拉底教学法是法学院培训的一个标志，也经常用于商学院培训。在答商术语中，发送者提供一个答案（概念、理论、隐喻、故事、过程、行动），响应者提供一个问题（是什么、为什么、怎么做、何时、何地、何人）。如表 17.2 所示。

表 17.2　A–Q 对话

市场经理的答案（发送者）	市场实习生（响应者）提出的问题	问题的类型
买方角色使我们能够满足每个客户的独特需求（理论答案；结构性知识）。让我给你讲一个故事，从前……（故事答案，结构性知识）	**为什么买方角色很重要？（结构性知识）** 什么是买方角色？（陈述性知识） 怎样创建买方角色？（程序性知识）	**澄清式问题** 探索性问题 探索性问题
买方角色是基于研究的画像，它定义了每个目标客户（概念答案；陈述性知识）。买方角色是小说中复杂、有深度、有感情、有需求的成熟角色（隐喻答案；陈述性知识）	为什么买方角色很重要？（结构性知识） **什么是买方角色？（陈述性知识）** 怎样创建买方角色？（程序性知识）	探索性问题 **澄清式问题** 探索性问题
在周一之前完成角色陈述（行动答案；程序性知识）。按照这些步骤，首先……（过程答案；程序性知识）	为什么买方角色很重要？（结构性知识） 什么是买方角色？（陈述性知识） **怎样创建买方角色？（程序性知识）**	探索性问题 探索性问题 **澄清式问题**

例如在我的课堂上，一名学生（发送者）讲述了一个领导力的故事，我会回复问："为什么是这一个领导力的故事？"这个学生会反思他的回答。学生可能会透露故事的其他细节，完善故事，或者可能放弃故事。此外，学生可以提供一个理论陈述 X → Y，其中领导是 X 或 Y 项。当同一个"为什么"型问题被反复地问，通常是任意地问 5 次，它就被称为"5 个为什么"——连续问 5 次"为什么"就会揭示出结构良好的知识。在实际操作中，周期数可以小于 5，也可以大于 5。另外，像 5 个"为什么"一样，你可以参与 5 个"怎么做"或 5 个"是什么"，分别重复 5 次"怎么做"或"是什么"型问题。

来看看经理和实习生之间可能发生的说明性苏格拉底式对话。实习生已经完成了入职培训，他们已经与经理就买方角色进行了几次对话。现在，实习生已经准备好接受买方角色项目，并将其付诸实施。该项目将以使用开发的买方角色向潜在客户发送电子邮件的方式达到高潮。经理可能想使用苏格拉底方法，这样实习生就可以对他们所积累的知识有一个自我认识。

实习生（过程）："我已经确定了这个创建买方角色的 4 步流程。

第 1 步：研究目标受众；

第 2 步：缩小最常见的细节；

第 3 步：创建独立的买方角色；

第 4 步：开始撰写个性化的电子邮件。"

经理（"是什么"型问题）："有意思。究竟什么是买方角色？"

实习生（概念）："我们讨论过，'买方角色是一个基于研究的画像，它定义了每个目标客户'。这个过程就是要达到这个目的。"

经理（"是什么"型问题）："再想想。我们把买方角色比喻成什么？"

实习生（隐喻）："我记得买方角色是小说中复杂、有深度、有感情、有需求的成熟角色。"

实习生（过程）："是的，角色有名字。我忘了。给每个角色取个名字能让你想起整个角色——所有的深度、感受和需求——这样当你写电子邮件时，它们就变得栩栩如生了。"

流程发生变更后……

第 1 步：研究目标受众；

第 2 步：缩小最常见的细节；

第 3 步：创建独立的买方角色；

第 4 步：给买方角色取名；

第 5 步：开始撰写个性化的电子邮件。

答案放大镜式对话的目的是让响应者针对发送者的回答提出问题，以澄清或探索发送者或响应者的知识差距。

Q-Q 对话

问题放大镜

问题后面接问题（Q-Q 对话）是问题放大镜式对话，即响应者将问题集中在更好地理解发送者的问题上。我和一个 B2B 的销售主管谈过，他告诉我一个常见的销售错误。在销售过程的早期，一个没有经验的销售代表可能会回答"错误"的问题太快。例如，一个潜在客户可能会问："价格是多少？"在介绍性电话开始时回答这个问题通常会破坏销售过程。这个过程偏离了轨道，因为潜在客户不知道他们自己的需求，也不知道他们应该在产品上投资多少来满足他们的需求。例如：

潜在客户："你们的价格是多少？"

卖方："价格对您来说是最重要的吗？"

潜在客户："可靠性是最重要的（潜在客户现在被引导到一个更重要的问题上来）。"

潜在客户："你们的产品可靠吗？"

Q-Q 对话包括发送者提出一个问题，回复者提出一个明确的问题，目的是让人们意识到"真正的问题"。来看看市场经理和实习生在实习第一天的对话。

市场实习生："怎样创建买方角色？"（实习生渴望证明自己，想要开始这个项目）

市场经理："你知道什么是买方角色吗？"（市场经理意识到实习生不

了解人物角色，现在就开始研究如何开发买方角色还为时过早）

市场实习生："实际上……什么是买方角色？"

问题放大镜式对话的目的是让响应者在回应发送者的问题时再问一个问题，试图让发送者重新定位到一个更紧迫的问题，以反映他们真正的需求或关注。

A-A 对话

力场

答案后面接答案（A-A 对话）是一种力场对话，响应者提供的答案强化了发送者的答案（→→），旨在推动答案朝一个方向进一步发展，或者响应者的答案反对发送者的答案（→←）。例如，响应者可以提供一个故事来加强发送者的故事（→→），即答案内的加强。或者，响应者可以提供一个与发送者的故事不一致的行动（→←），即不同的答案类型。

脸书（Facebook）❶是一个被讨论过的答案强化的媒介（通常是负面的）。例如，我们"喜欢"一个帖子。在答商术语中，一个帖子代表一个答案，一个故事、一个隐喻或六种答商答案类型中的任何一个。据估计，68% 的美国人从社交媒体上获得他们的新闻，78% 的美国人认为共和党人和民主党人之间的党派分歧正在扩大。当民主党人和共和党人进行辩论时，由社交媒体和独立的新闻频道（迎合每一方）提供的对话产生了不可动摇的目标，答案分歧（→←）则是功能失调。

答案的强化（→→）可以是功能性的。例如市场经理和实习生。市场实习生可以讨论开发买方角色的五个步骤，包括步骤 1：研究目标受众。

---

❶ 现已更名为元宇宙（Meta）。——编者注

市场经理可以通过确定步骤 1 中的一个重要行动来回应。具体来说，当你研究目标受众时，你可以从关注你的前五个客户开始。这些知识对市场实习生是有益的，因为她对买方角色有了更广泛和更深入的了解。因此，答案的强化可以像填补拼图的碎片一样，让人更清楚地了解到在这个世界上运作所需的程序性、陈述性和结构性知识。

力场对话的目的是让响应者提供一个答案，以加强（→→）或反对（→←）发送者的答案。答案的强化和答案的反对既可以是功能性的，也可以是功能失调的。

总之，对话型沟通模式是标准沟通模型的一个易于理解，却不过于简单的延伸。沟通被看作是由一次性的或持续的问答交流组成的对话。亚里士多德将修辞学（沟通）的研究定义为寻找"所有可用的说服手段"。答商为沟通增加了价值，因为它概述了一个可以用于任何重要对话的答案理论。此外，通过关注答案，答商还使我们能够更好地理解问题在沟通过程中的作用。

第十八章

智力

1927 年，查尔斯·斯皮尔曼开启了对智力的现代科学检验，他提出一般智力（g 因素）的存在对所有智力任务都很重要。从那时起，理论家们提出了多种形式的智力——从 1 个因素（g 因素）到 150 个因素。例如，瑟斯通确定了七个因素：语言理解、语言流畅性、数字、特殊可视化、记忆、推理和知觉速度。1985 年，罗伯特·斯特恩伯格写了一本名为《超越智商》的书，提倡以更广泛的视角看待智力，强调与现实世界的相关性。他指出，学术界青睐的所谓"智力"理论很容易受到批评，或许更合适的叫法是"实验室任务或测试认知"理论。他的批评让人想起书本智慧的概念，并可以与内隐的智力理论（学术界象牙塔之外的现实世界中人们对智力的信念）形成对比。丹尼尔·戈尔曼在 1995 年出版的《情商：为什么情商比智商更重要》一书中灌输了一种内隐的信念，即情商不仅是认知智商。这本书抓住了商界和整个社会的想象力。综上所述，认知智商和情商是有效运作世界的基石能力。

在此背景下，我认为答商也是一种智力。首先，在多元智能下，各种智能被提出，其中许多智能与沟通有关。例如，理解口语和书面语的语言能力，沟通知识的能力，倾听能力，以及沟通能力。其次，对现实世界相关性的推动表明，答商很重要。智商测试的答案可能会被嘲笑，因为它没有推广到现实世界。相反，答商定义的六种答案类型（概念、理论、隐喻、故事、过程、行动）在现实世界中发挥着重要作用。

打个比方，我认为答商是标枪的尖端，智商和情商是标枪的长杆。智商和情商提供了投掷标枪的力量，但没有答案，即锋利的尖端，标枪就无法穿透它的目标。例如，你可能有很高的智商，但除非这转化为一个理论（答案）来理解世界，或一个过程（答案）来完成事情，或一个隐喻（答案）来综合想法，智商的影响是滞后的。同理，你可以拥有高情商，但如果你不能找到正确的过程（答案）来帮助缓解压力，或者找到正确的故事（答案）来与他人共情，那么你与他人共情的能力就白费了。总之，智商和情商要通过答商来产生影响。

许多人（来自学术界）会批评我将答商视为一种智力，更不用说我将答商描述为可与智商和情商相提并论。这本书是为从业者准备的，因此我在这里并不关心关于答商是否真的是一种智力，或者它是否是一种能力、技能，或者它是否属于其他类别的辩论。相反，我关注的是以一种与我认为它应得的重要性相一致的方式来描述答商。在构思答商标签之前，我发现自己经常在与智商和情商的比较中描述这个框架。从这种比较中，答商这个名字出现了。最终，我选择答商作为名称是一个隐喻（答案），反映了我的信念，即答商是一种重要的能力，一种基础能力（像智商和情商一样），可以提高在学校、工作、家庭或任何生活领域成功的可能性。